就算顛沛流離，也能風生水起

百萬暢銷書作家
趙麗榮 著

高寶書版集團

目錄
CONTENTS

第3章 歲月很長，人間很忙，我在中間踩著雲朵販賣樂趣

第4章 第一次無謂貧富，是在玻璃晴朗、橘子輝煌的尋常裡

目錄

CONTENTS

第7章

在吃喝玩樂的煙火氣裡，把人間疾苦燒成新的春天

第8章

帶著冒險的衝動，行走在「放浪形骸」的熱帶火花裡

目錄

CONTENTS

第9章 就這樣喜歡人間，喜歡不落的太陽和每天的小美好

前言

我曾經問過我的讀者：「終其一生，你們心心念念追求的人生目標到底是什麼？」大家的回答居然驚人地一致：「外物。」

穿透時光的足跡，喊出了這個時代的主題。這一生，似乎只有外物，才能填滿厚重的生命；失去外物，物質的血脈將戛然而止。於是，我們深陷千絲萬縷的蛛網，在外物的束縛中在劫難逃。

無數段披荊斬棘的時光裡，本以為一切都將如願以償，沒想到迎來的卻是事與願違。於是，我們把自由賣了，換成了追名逐利，也陷入了「顛沛流離時」。

其實，外物縱然重要，但若是失去了靈魂深處的閒趣，失去了「縱馬踏花向自由」的魄力，外物便失去了賴以生存的沃土。就像是內部缺水的叢林，縱然眼前密林縱橫，但終有一天會水草乾涸、綠意無存。

唯有在營造外物的同時，以趣味來點綴，用趣味改變萬物，才是錦上添花。所謂趣味改變外物，是善於用生活中旖旎多變的趣味，來「軟化」生硬刻板的外物，使我們不得不面對的外物，染上一絲妙趣橫生的色彩，那麼，顛沛流離的人生，豈不是也能風生水起？

一直以來，我都喜歡用「過盡千帆」這四個字，來看這漫漫一生的人間過往。

人生裡走來的我們，是一片海。看過日出日沒、潮漲潮落，於是，我們的生命喧囂而繁複，人聲鼎沸，世事疊加。

我們漂在海上，不斷經歷，不斷收穫，又不斷失去。我們本身也是海，被緣分注定的人經過、被時光經過、被世事經過。經年之後，被一艘艘漂來留下，或漂來又漂走的船，渡成了「過盡千帆」的人生痕跡。

這，就是我們每一個人的人生主題。「過盡千帆」出自晚唐詩人溫庭筠〈夢江南〉中的名句「過盡千帆皆不是，斜暉脈脈水悠悠」。人生之海，晨曦與斜暉，伴隨那悠悠的江水悠悠地流。身在其中，我們被世事的溫暖浸潤心扉，也被世事的喧囂困擾心境。

至此，還是回歸到我們要說的主題，回歸到千帆之後的落腳與安放處，於是，我們便走到了此等風景：

沉舟側畔千帆過，病樹前頭萬木春。

你看，人生的過盡千帆處，翻覆的船隻旁，還是有千千萬萬的帆船經過；枯萎的樹木前面，也有萬千林木欣欣向榮。

人生跌跌撞撞，我們還是揚起了雲淡風輕的面龐，迎著海風，看生命的春天，在無數個意猶未盡的意趣中，綻放出最美麗的姿態，不是嗎？

在過盡千帆沉舟處，在風生水起的一剎那間，坐看饒有意趣的人生，是歲月最美的歸處。

所謂心有意趣，到底是什麼？

作家汪曾祺說，人活著，總要熱愛點什麼。其實，那些熱愛，不過是為了讓心在繁雜的世界找到一處棲息地，在周而復始的平淡日子裡發現生活的新意，在歷經生活飄搖後依然熱愛生活，與時光對飲。

在汪老的生活裡，無論多忙，都不會失去意趣盎然的清味。喝酒、品茶、聽曲、寫文、鑑賞美食，只有「人生得意須盡歡」，生活才好玩。所以在汪曾祺純澈的眼神裡，世界百態間，包括人生顛沛處，都有有趣的東西。

就像「採菊東籬下」的陶淵明。他淡泊名利，遠離世事喧囂，也不羨慕榮華利祿。

他喜歡讀書，每當對書中內容有所領悟的時候，他就會高興得像個孩子一樣手舞足蹈，這是他獨有的生活意趣。

就像綠肥紅瘦的曠世才女李清照。她一生動盪不定，但是這個心似蓮花的女子，因為內心世界的豐盈，依然能在家庭出現變故時，在歸隱田園的「易安居」裡，與丈夫「賭書消得潑茶香」。所以，她也總能在風雨飄搖的人生裡，帶著那一份安閒自得的雅趣，與時光對飲。

就像我在書中寫到的一位服裝設計師。忙碌是工作的必然，可是「感受樂趣」卻是她生命中最翩然的塵世之樂。工作嚴謹的她，也是一個在苛求完美的路上不停和自己較勁的人，可是她卻從不曾遺忘生活的情趣。有時，在設計室和同事們就燈夜縫的晚上，當她疲憊時，抬頭之際，發現夜空如水，月亮很美，就立即讓同事放下手邊的工作，大家一起笑著鬧著簇擁著去賞月。她喜歡生活中所有美好的事，喜歡音樂和詩詞，曾經策劃過一場「躺著聽」的音樂會，極其特別。

就像我認識的那個身患小兒麻痺症的女孩。她在面對世事無常時，也曾萬念俱灰。

為了替自己覓得一份生活樂趣，她愛上了編織工藝品。那時的她，每天臉上都會洋溢著甜甜的笑。很多人都詫異於她在如此悲慘的境遇下，居然還能有如此純澈的笑顏。她知道，是「心有意趣」的生活情致，改變了自己的心境。

不成想到的是，她的這些手工藝品，偶然中被一位民間藝術家發掘，藝術家將她的作品帶到展覽會上，沒想到引來很多人的欣賞和關注。一年後，她成了某文化公司的設計師，作品一經上市，便成了供不應求的網紅藝術品……那一年，她殘缺成傷，萬念俱灰；那一年，她坐享意趣，心思澄澈；現在，她左手愛好，右手事業，過得風生水起。

就像我的一位朋友。那一年查出自己身患癌症時，她剛和交往了三年的男朋友分手，做了兩年的工作也丟了。失業失戀外加病魔纏身，一瞬間，她的世界便墜入了無盡的黑暗深淵。這對要強又年輕氣盛的她來說，無疑是致命打擊。一段時間的頹廢後，她開始和自己和解。一個真正有趣的靈魂，在看清生活的真相後，就會與生活握手言和。

於是，她決定走出心靈的陰霾，回到陽光下，過出燦爛而有趣的生活。那時的她，雖然家庭條件不算優越，但除化療必須住院外，其他時間總是笑靨如花，化著精緻妝容，穿著得體套裝，優雅地出現在人們的視線中。培訓師的工作做得風生水起，各種講座活動也舉辦得鏗鏘有聲，事業一路扶搖直上，一點也沒有「病態」感。她總是不卑不亢，做自己該做的事，活出自己喜歡的樣子，綻放出生命的趣味，是她活著的姿態。

走過喧囂紛繁的世事，看過「顛沛流離」的人生，最後，我們終要在「風生水起」處，綻放生命最華美的姿態。

我們需要的，是走出去，尋覓繁忙生命中，那一點安恬和闊朗，讓心在翩然中休養生息。這樣當我們再次帶著輕盈的狀態回到生活時，便有了繼續前進的生命力。

認清了生活的模樣，就會與時光溫暖相擁。

終於，浮世繁華的山高路遠處，閃現出陌上人間的良辰美景……

2022年4月8日，遼寧瀋陽

第1章

忙與盲像個核桃，在有仁的意趣裡看陽光慷慨

歲月把忙碌吹成疾風，我卻用頑皮的心釀成春風

和朋友說一說壓抑了很久的心裡話，談一談工作生活的想法和打算，很多話，在說出來的時候，心結也就解開了。

每次問候親人朋友時，總能在他們焦慮的口吻裡，聽到壓抑中擠出的三個字：忙忙忙。忙，彷彿是生活的標配，是生活的標籤一般，深深印刻在了活著的每個瞬間。

從古到今，「忙」似乎成了孫悟空的緊箍咒。一路走來，風塵僕僕，帶著心底的殷殷期盼，想把每一天過成自己憧憬了千萬次的模樣，於是，便有了再也停不下來的腳步。這每一次忙到「亡了心」的旋轉，轉到最後，已然成了麻木。

於是，我們總是會一邊匆匆向前，一邊又茫然地問自己：我要去哪裡？

這讓我想起了周公的故事。周公是周文王的兒子，本已是地位顯赫，沒有後顧之憂，他卻一直處於極度的焦慮和忙碌之中。

比如：每次洗頭髮碰到急事，他就會馬上停下動作，把頭髮握在手裡去辦事；每次吃飯，有人求見，他就會馬上把來不及咽下去的飯吐出來，去接見那些求見的人。很多人問他如此忙碌的原因，他說，這樣做是因為害怕，害怕失去「周天子」的天下。

我之所以提到周公的故事，是因為他的那一句「因為害怕」。這四個字，不是也一針見血地道出了我們的心聲嗎？我們終其一生都在忙，忙到心力交瘁，就是因為害怕。

害怕什麼？害怕時間過得太快，快得連夢想都一起帶走，於是我們便在忙裡，不停地奔跑……

記得某次和朋友去精神病院做義工，認識了一個男孩。他很年輕，不到三十歲，和兄弟們創業失敗，沮喪之餘，因為生性要強，一度患上了焦慮症。記得見到他時，他神志清晰，只是滿面愁容，壓力讓他過早地華髮叢生。

我們和他坐在一起，故作輕鬆地和他隨意聊著天。我希望能以輕鬆的態度，引導他往良好的方面想。

我說：「你看上去很放鬆，我想，你已經走出來了。」

他說：「以前的我，完全不是這樣的。記得那時候，我的夢想就是開一家自己的公司，但創業總是艱難重重，於是，我漸漸開始害怕，害怕失敗，害怕時間不等人。於是，只能更加緊迫地在忙碌中追趕，完成一天的工作後，身心俱疲，又心亂如麻。

我不喜歡這樣的感覺，但是我知道自己已經停不下來了。對於未來，我並沒有太多的自信，恐慌隨時相伴，日益加深的內耗，加之工作的繁雜，讓我不堪重負。

失眠是我的常態，每一個午夜夢迴的夜晚，落寞在心頭翻滾，獨在異鄉的孤獨，忽然被無限放大，我一個大男人，居然一次次淚流滿面。

我還是一個內向的人，心裡明明有頗多感觸，卻不願意說出來。壓抑久了，身體機能隨之出現問題，中醫說是血氣鬱結。我知道這樣下去，我的身體遲早要出問題，我也曾試著把不良情緒發洩出來，卻找不到更好的途徑和管道……」

我聽著他的故事，彷彿聽著自己的故事一般。其實，生活中的我們，不都是這樣一路走來的嗎？

故事還沒有結束。

再後來，我聽說他已經全然康復了。

一場艱難的逆旅，讓他頓悟了人生。在醫院休養的過程中，他開始學習放下得失成敗的執念，讓心回歸平靜。原本喜歡文學的他，開始靜下心來，書寫一些內心的感悟，透過文字，發洩自己的壞情緒，也更深刻地認知到自我。

曾經那些一起嬉鬧玩樂的朋友，在他創業忙碌時已然被他拋諸腦後，如今又回到他的生活中。他們依然如往昔，三五成群地在生活忙碌的間隙裡，瘋狂地體驗生活裡該有的樂趣。煮酒黃昏，把酒調侃，席間說一說壓抑了很久的心裡話，談一談工作生活的想法和打算，很多話，在說出來的時候，心結也就解開了。

累到無力時，他也會讓心靈放個假，帶著家人周遊世界，無牽無掛，心無旁騖，不再多想明天的生活，不再擔憂明天的未知，更不願回憶過去，無論美好還是滄桑。重要的是現在，看著親人們的笑臉，就是最真切的幸福。

有時，他乾脆讓自己待在一個安靜的環境裡，傾聽內心的聲音，讓靈魂自由地歌唱，讓疲乏的心靈安靜地停靠……

不再害怕，不再焦慮，在時不我待的忙碌緊迫裡，用頑皮的心把世事釀成春風。

於是，他重生了……

•••••

在那場曠日持久的三年新冠戰役中，她是一名普通的醫療垃圾清潔工。

她每天的工作就是處理核酸檢測使用過的棉籤，以及醫護人員和病人使用過的口罩等醫療垃圾，而且每天還要負責將這些醫療垃圾運送到指定地點，她經常汗流浹背地推著半人高的垃圾桶來回奔波。

雖然不是醫護人員，但為了不曝露在危險之下，她必須穿著厚重的白色防護衣，站在醫護人員身後，做好抗疫大戰的後勤工作。

每天早上五點，她天未亮就從遠在城北的家中出發，六點趕到核酸檢測點，緊鑼密鼓地開始一天的醫療垃圾清潔工作。除了需要將醫療垃圾集中消毒、殺菌，還必須將垃圾按照國家醫療機構規定的「五大類醫療垃圾處理方式」嚴格分類和二次消毒後，再轉運出去。

醫療垃圾中的有害物質可想而知，因此防護措施也更加嚴密，每次穿脫防護衣成了最痛苦的一件事，尤其是夏天，全副武裝好後，還沒開始上工已是汗流浹背。

她穿著防護衣工作，就連吃飯都變成了一件繁複的事情，每脫掉一件裝備就要消一次毒，等鞋套、罩衣、手套等都終於脫完後，她早已大汗淋漓，於是吃飯也只能狼吞虎嚥，火速解決了。

這樣的工作量讓她每天的節奏都是匆匆忙忙的，最忙碌的時候，甚至連上廁所的時間都沒有，馬不停蹄地工作一天後，她的雙手已經被厚厚的手套捂得失去了血色，臉頰上盡是被口罩勒出的血痕。

她說，自己所有的忙，都是為了幫助人們早日走出疫情的陰霾，讓大家都能回歸到正常的生活中，所以只能忙到停不下來。當她說出這些話的時候，她被汗水浸泡得有些發白的臉上，竟然掛著一絲輕鬆愉悅的神情。

直到有一天，採訪她的記者看到了這樣的場景，人們才恍然明白，她的快樂，為什麼沒有被忙碌的生活淹沒。

那天，她們在社區的廣場前做核酸檢測，黃昏時分，忙碌了一天的她，把同事們召集在一起，她站在隊伍的最前方，揮舞著掃把，帶著大家跳舞。

黃昏的餘暉下，剛剛結束工作後的汗水還掛在臉上，但是她們渾然不知，自顧自地扭動著身體，盡情地舞蹈。

她們的臉上掛著燦爛的笑容，彷彿世間所有忙碌焦慮都和她們無關。她們笑著、叫著、扭著、跳著……那樣子，真的美極了。

當時在場的工作人員告訴記者，她們平時經常用這種「頑皮可愛」的方式解壓，所以工作才能做得如此快樂，這也許就是她們能在忙碌中體驗快樂的真正意義吧……

沒錯，生活可以忙碌，但是生活的樂趣，卻不可以被剝奪和淹沒。且忙且快樂，時不我待的忙碌緊迫裡，用頑皮的心撥開雲霧透口氣，是生活裡最美的意趣情致。

就算歲月把忙碌吹成疾風，我也要用頑皮的心釀成春風……

穿透盲目裡的迷霧，把人間清醒還給日月天地

努力是生命的必然，但能在追逐的夾縫間加入些許清幽情趣，卻是一種生命的能力。

我的讀者聊天群組裡，每天都有人向我傾訴生活裡的負重前行。

有人說：「本以為忙，是為了活得明白，可是忙到最後，卻盲目到茫然。」

我說：「當心忙到不再清醒透徹時，心靈又怎麼會清晰洞見？」

所有低著頭忘乎所以的「忙」，最後換來的，都是閉著眼不知所以的「盲」，這是一種思想負擔日積月累後，慢慢催化的必然結果。我們都是這樣一路走來的。

記得大學畢業後的那些年，為了在競爭激烈的工作環境中更加遊刃有餘，我每天都讓自己置身於忙碌的工作狀態中，試圖以延長工作時間的方式追求飛速進步。忽然有一天，當我身心俱疲不知所以的時候，才發現，自己竟然忙到一種盲目的狀態。

我像一個熊熊燃燒的風火輪般不斷往前衝，什麼也不想、什麼也不聽、什麼也不看，就那麼焦灼而性急地狂奔，我不知道這究竟是怎麼了，就只是不想停下來。身邊那些曾經最在意的人、事、物，都已經無暇顧及。他們從我眼前匆匆一閃掠過，我卻捕捉不到任何蹤跡，我知道不是世事忽略了我，而是自己辜負了它的美麗。

我的感知都在盲目中交疊糾纏，糾結著心的弦音，彈奏喧鬧而緊湊的旋律。我彷彿緊箍咒下的猴頭，在疼痛中眩暈、在錯綜中吶喊，那生拉硬拽下的猴毛，是我期許的解脫。許是前方路上有太多未實現的願望召喚，許是追趕幸福才能活得安全，許是生命的音符激昂高亢，許是身後的失意太過揪心，於是，我便在不息中尋覓著想要的幸福。

可是，我沒有等來自己想要的幸福，卻等來了一場疾病。

那次，在無數個連續加班到深夜的工作後，我累倒了。那是我長久以來，唯一一段可以在休息中清閒度日的時光。

我每天只能躺在病床上。起初身體還極度虛弱，甚至感覺連喘氣都是一種耗費體力的事。我只能閉著眼睛，捂著胸口，任憑生命微弱的弦音在空氣中迴蕩。那一刻，我忽然感覺，健康地活著，原來是一件如此珍貴的事情。工作沒了，可以再找；健康沒了，就無處可尋了。我想，這也算是盲目後的一種妙悟吧。

我的病房窗前，是一片鬱鬱蔥蔥的樹林，那段時間恰逢春暖花開。經過一段時間的休養後，我的身體日漸康復。那一天，我躺在床上，內心無比焦慮地煩惱這些日子因為住院而遺漏的工作。就在我皺著眉頭無意間看向窗外時，忽然驚覺，已經好久沒有這樣認真地看看大自然的景致了。

只見明媚璀璨的陽光灑向草地，光暈調皮地在草地上躍動。一群孩子在樹影花香間嬉鬧追逐，跑動時揚起的塵土，如雲霧般升騰而起，在光的作用下，形成一道道明亮的光柱，看上去美極了。我躺不住了，立刻起床，走向了窗外的世界。走向因為忙碌被遺忘已久的大自然，走向因為盲目被屏障已久的純粹。

那時的我，純粹得只是一個世間的俗人，只是一個簡單的眾生，只是一個頑皮的孩童。生活中原本的焦灼，此刻已是雲淡風輕。我和孩子們圍成一個圈玩起丟手帕，我發出久違的爽朗大笑，轉著圈和孩子們奔跑打鬧。玩到盡興時，眼淚口水橫飛，都無所謂了，哪有那麼多完美形象，怎麼愜意怎麼來。被抓到的我，還站在中間，為大家唱了一首〈魯冰花〉。我像個孩子一樣，手舞足蹈，唱著唱著，彷彿回到了小時候，坐在漫天星空下，歪著頭數星星的時光……

原來，生活裡不只有追逐的拚搏，還應該有時而頑皮的閒趣。

一場病，換來一段妙悟：原來，人生所有的遇見，都有它的使命。

那次以後，我不再是一個執拗於某種念想的人。努力是生命的必然，但能在追逐的夾縫間加入些許清幽情趣，卻是一種生命的能力。

記得先前做記者時，我採訪過一個民間畫家，他讓我印象深刻。

第一次採訪他時，正逢他辦畫展，於是採訪便在他的畫室進行，我也有幸參觀了他的作品。

他的畫展，有些與眾不同。別人的畫展都是很莊重地展示在大廳，人們繃起臉，帶著嚴肅的表情，彷彿在觀摩某種神聖不可侵犯的聖物一樣，小心翼翼地遊走在其間。

而這位畫家的畫室，卻被裝飾得彷彿婚禮大廳一般喜慶溫馨。只見巨大的畫室四周掛滿了他的作品，大廳中間擺放了一張大大的長方形圓桌，桌子上則擺著各色花瓶，花瓣散落在花瓶周遭，而每個花瓶底部都有一張紙籤。

大廳的四個角落分別放置了畫架和畫紙，還有各種顏料。右邊還擺著一個巨大的松木茶具，茶具前面則是一架古箏。

賞畫、插花、作詩、塗鴉、品茶、聽琴，是此次畫展的主題。

他的畫展，打破了沉悶肅穆的氛圍，透著雲淡風輕的氣質。一場展覽，呈現了藝術的詩意，也反映出生活的情致。這就是他要展現的美：皆以有趣好玩的名義開始，讓生活的忙與盲，停頓休整。

他告訴我，以前的他，也曾為了藝術創作，忙到心力交瘁。忽而有一天，他發現，曾經從愛好出發而饒有興趣的繪畫藝術，成了某種帶有功利性的追逐。忙到最後，他甚至盲目到忘記了為什麼選擇繪畫，忘記了初心。

於是，他決定走出盲區，讓自己在繪畫的世界裡，活得有趣。

他不再為了追逐繪畫市場的需求而作畫，他嘗試一邊體會生活的樂趣，一邊擁抱生活賦予的靈感作畫。

因此，他的畫面充滿了生活的意境。比如，有一幅畫，畫面上是一個女孩面對媽媽的牢騷，回頭間露出心有靈犀的微笑。畫作下方落款寫著：生活，需要一些「小牢騷」。比如，有一幅畫，是一個光著屁股的小孩，在門前的老樹下追一隻大黃狗，背景是煙霧升騰的遠山。畫作下面落款寫著：簡單的美，即是生活……那些生活中的「小牢騷」，那些生活中的「小情趣」，總是讓看畫展的人們，會心一笑。

他身穿一身布衣，留有一頭清爽的短髮，臉掛憨憨的笑容，穿梭在展廳裡。看到有人站在他的畫前開心合照，或是大讚有趣、詼諧、好玩，他總會調皮地躲起來聽一會兒，然後「偽裝」成普通的觀賞者，和大家認真討論一番。

一些懂藝術的人，如果看畫展時靈感突發，便會走到圓桌邊隨意完成一件插花作品，順便在紙籤上寫上一首詩。或者乾脆直接走到畫架旁，拿起畫筆，即興創作一幅塗鴉作品。在賞畫中賞花、作詩、作畫，這是怎樣的浪漫境界？

他說：「我是隨性而為，不務正業，只憑著興之所至做每一件事，但我很享受這種天馬行空的表達。」

正是因為這種貼近自然、平易近人的創作，他的畫反而賣得很好，他的打油詩、小牢騷、小情懷，正是繁忙人們最需要的生活態度，很親切，又很時尚。

他說，平時的自己，畫畫、寫詩、彈古箏、聽風、釣魚、冥想……在這些看似無用的小情懷裡，總能找到心的方向。

一味地忙，是一種作繭自縛。千絲萬縷的「約束」和「羈絆」纏繞著你，讓你動彈不得，你又如何能以身輕如燕的姿態，為迷茫的心找到清晰的出口？

唯有掙脫絲繭，方能在不斷閃現的妙悟裡，活得有趣，也活得明白。那麼，就讓我們穿透盲目裡的茫然迷霧，把眉清目秀還給日月天地吧……

喧囂和跌宕還在營業，安恬和闊朗也不會打烊

我們需要的，是走出去，尋覓繁忙生命中，那一點安恬和闊朗，讓心在翩然中，休養生息。這樣當我們再次以輕盈的狀態回到生活時，便有了繼續前進的生命力。

我曾經問過我的讀者：「你們眼中的世界，是什麼樣的？」大家的回答竟然驚人地一致：「跌宕起伏的人生、沉重無趣的生活、喧囂擁擠的心靈、蕭索蒼白的靈魂……」我們的世界大抵如此。

在每天無止境的忙碌中，誰不是低著頭，如風火輪般匆匆而過？古人詩句裡的漁舟唱晚、高山流水、杏花微雨，已然與現在的生活毫無關聯。我們體會不到時光氤氳，也

感受不到歲月靜好，心底不斷盤旋的只有六個字：有房、有車、有錢。

這看上去似乎只是個簡單的夢想，吃喝拉撒睡，要的不就是有房、有車、有錢嗎？但就是這三樣簡單的事物，卻剝奪了我們一生的快樂。

●●●●●

於是，我聽到了很多這樣的聲音。

有的人說：我覺得現代生活的本質就是匆忙和孤獨，萬丈紅塵，像一條不歸路，我已經成為物質的奴隸，被物欲支配著向前進。最後，我的物質世界越來越膨脹，內心卻越來越空虛和脆弱！

有的人說：在大都市奔忙的日子裡，我身不由己地被現實裹挾，將自己淹沒於車水馬龍和鋼筋水泥之中，生活沒有安恬的味道，只有名韁利鎖，跌宕不安。我忙到無心看風景，只能在上班匆匆經過城市綠地時，抬頭看一眼湛藍天空裡飄過的幾朵白雲；只能從廢寢忘食的忙裡偷閒裡，透過如鳥籠般的CBD[1]玻璃窗，看一看外面已經不屬於我的明媚春景！

有的人說：突然有一天我發現，自己已經忽略了時間流逝和季節變換。繁忙而一成不變的生活，麻木了我的感知，我正在一點點喪失著對自然、對天地、對生命、對生活的熱愛和感悟，完全成了物質的傀儡！

於是，有的人說：白天的我戴著面具穿梭人群，夜深人靜時，總是感到自己被無盡的荒蕪淹沒，此刻唯有幾杯淡酒能聊以自慰，也只有在這時，我才能聽到自己的呼吸，感覺到自己的心跳！

於是，有的人說：現實無法逃避，所以我只能在夢中去尋找心靈的棲息地，為靈魂找到歸依的所在。可是夢境太短，醒來後，依然要帶著自己的使命回到現實中，繼續在低低的嘆息和淡淡的憂傷中，被世事洪流推著向前！

1 CBD：全稱為Central Business District，指中心商業區。

這是這個時代所有人發自心底的聲音，我們是不是也在其中，聽到了自己心底一直以來埋藏了許久的吶喊？

生活的喧囂和命運的跌宕，像是一道勒住身心靈魂的枷鎖，我們被困在一處封閉空間裡，想要逃出去，卻又是如此無能為力。

為什麼？很簡單，我們需要有房、有車、有錢。

我說出來的，是這個時代大部分人的心聲。

追求生活的品質、個人的事業、豐衣足食的夢想、卓越優秀的閱歷，本身沒有錯。我們不是超凡脫俗的隱士，而都是食盡人間煙火的凡夫俗子，我們還有很多夢想在路上召喚，尚都需要背負自己的責任，走過這個紛繁的塵世。所以，我們沒有那麼多的時間，在閒情逸致中享受時光，總要回歸到生活的奔走與秩序中。

我們需要的，是走出去，尋覓繁忙生命中，那一點安恬和闊朗，讓心在翩然中，休養生息。這樣當我們再次以輕盈的狀態回到生活時，便有了繼續前進的生命力。

那時的你，身處鬧市，喧囂依舊，心卻是靜謐安恬的；那時的你，深陷苦難，煩擾不斷，卻不再哀怨，內心也多了一份苦中作樂的勇氣。

此時此刻，你一定懂得：忙中找樂，是最好的重生。

一直以來，我都很喜歡李清照。

她的一生被光環籠罩，卻也跌宕不安。而她一生最快樂的時光，是和趙明誠在青州隱居的那些年月。

那時的她，正身處人生逆境。父親李格非被罷官，作為罪臣之女，李清照的處境十分尷尬。

後來公公趙挺之去世，丈夫趙明誠繼而失去官職。朝廷複雜的政治鬥爭，加之當時宰相蔡京對趙家人的誣告陷害，一度讓趙氏家族在京城失了立足之地。

李清照是何等聰慧淡然的女子，她沒有像那個時代的婦女一樣，滿心都是失去權勢後的無助和哀怨。她知道，人世紅塵，有遇見，也有離別；有得到，也有失去。最後，不過是空手來，空手歸。漫步人間，每個人都是過客，又何必太過在意。

關鍵是，要在喧囂中尋得安恬，在跌宕中覓得闊朗，生活即是翩然。

於是，心性淡然的她和趙明誠，毅然離開是非纏身的汴京，退隱青州。雖然他們依舊忙於金石事業，忙於寫詩作文；但是，透過繁忙，他們把酒東籬、蒔花種豆，過著閒情逸致的生活。

李清照將自己的書房命名為「歸來堂」，又將自己的臥室命名為「易安居」。由此可見，她內心已然在意趣中衍生出了闊朗曠達。

我最喜歡的，是那段「賭書消得潑茶香」的故事。

那時的李清照和趙明誠，經常飯後一邊喝茶，一邊讀書。突發奇想時，就會玩賭書鬥茶的遊戲。一個人說出某個典故，另一個人猜出自哪本書，猜中後決定誰先飲茶。於是，他們一邊玩樂，一邊喝茶，舉起的茶杯在前仰後合的笑鬧中，杯傾茶潑，留下了滿身茶香。在這樣的情致裡，李清照早已忘記了跌宕人生帶來的悲涼，苦中作樂的生活裡，滿是驚喜。

由古及今，現代人總要從古人的生活裡，為自己的靈魂找到出口。

我一個朋友，她的丈夫因為倒賣文玩古董，賠得傾家蕩產。她一度萬念俱灰，不是尋死覓活，就是鬧著離婚。

面對頹廢的她，我一直都在相勸，事已至此，消沉無濟於事，只會雪上加霜，讓路越來越窄，不如乾脆放下曾經，或者舊物利用，變廢為寶，反正她丈夫只對文玩感興趣，而且鑑別的眼光還不錯。

沒想到，不久後，她突然開竅了。閒暇之餘，還會和丈夫一起去古玩市場閒逛，遇到有價值的古器字畫，價格也合適，便買回家中，拿著放大鏡在燈下賞玩。

某次買了一件青銅器，看上去氣質不凡，只是右下角有一點點微小的缺口。於是，他們便在燈下一邊把玩，一邊修補。那時，燭火在幽暗靜謐的房間閃爍，兩張在燈下被映得紅通通的臉上，不時蕩漾起歡快的笑容。

她說，那一刻，她覺得曾經的惶惑不安，忽然已經隱退到生活之外。於是，她在苦難中尋覓到的生活意趣裡，體會到了無限的闊朗曠達。

無獨有偶，那件青銅器後來被專家鑑定為文物真跡，價值不菲。

其實，物欲價值不是重點。

重要的是，安恬之後，思緒便能在紛亂的世事中，剪得開理得清；闊朗之後，身心便能在跌宕起伏中，有了翩然的起飛點。

無論飛到哪裡，往後餘生，落腳之處，皆是心安。所以，我們要記住，喧囂和跌宕還在營業，安恬和闊朗也不會打烊。

「貪婪之重」掀起巨浪，在「物隨趣移」裡上岸

所謂趣味改變外物，是善於用生活中旖旎多變的趣味，來「軟化」生硬刻板的外物，使我們不得不面對的外物，染上一絲妙趣橫生的色彩。

一位擔任心理諮詢師的朋友，在談起現代人的心理疾病時說：「物欲，是一切紛擾煩憂的源頭。」

在她接診過的案例裡，有一個在厭世情緒中幾度輕生被救的人。他是官場高手，曾經一路過關斬將，身居高位，叱吒風雲。

無奈宦海沉浮，明山暗礁，稍有不慎便大廈傾覆，其中充滿無法預測的幻滅與重生。曾幾何時，他也深陷其中，無數次的官場不如意後，面對世事難測的苦楚，徹底失

去了生活的信念和快樂。

正如我們在刑偵掃黑電視劇《狂飆》中看到的故事一樣，劇中的高啟強，二十年前是一個老實本分、備受欺凌的小魚販，最討厭魚腥味的他，在父母雙亡後，為了養活弟弟妹妹，只能選擇在魚攤辛勤工作。二十年後，他搖身一變，成了黑社會性質組織的老大，心機深沉、霸氣十足，人前，他是一個溫文爾雅的大企業家，背後卻做著不為人知的罪惡勾當。

縱觀高啟強的一生，他其實並不快樂，他後來對外物的貪婪與極度渴望，都來自成長路上的經歷。

十三歲時，貧困拮据的高啟強靠著五百塊錢把弟弟妹妹撫養成人，大年三十在派出所，滿臉傷痕的他含著眼淚咽下了那口心酸的餃子，這就是高啟強最初的模樣，充滿了令人心疼的善意。

在經歷生活中的種種欺凌和不公之後，他意識到，身在社會底層的自己只有不斷獲取更多的資源，才能改善自己的處境，隨即他開始一步一步反擊，也一步步被貪婪的物欲吞噬，從此，高啟強的人性發生了轉變。

其實，在最初還沒有泯滅良知時，高啟強是一個很溫暖、很有生活情趣的人，他經常和舊廠街的攤販們打趣調侃，講述一些平凡的生活趣事；他也會在大年三十為弟弟妹妹包餃子做年夜飯，一家人歡聲笑語看新春節目、放鞭炮，他原本也能在底層生活的夾縫裡為幸福種出一朵花來。

我想，那個時候，能做到「物隨趣移」的他，也一定是快樂無比的。

可是後來，當對外物的欲望占據了高啟強的內心時，他就開始慢慢地失去人性，失去了理智，內心生出的無數貪欲，淹沒了他生命中最珍貴的意趣和快樂。

其實，生活中像高啟強這樣受過委屈的人也不少，為什麼偏偏他卻走上了一條不歸路？原因很簡單，就是高啟強的骨子裡隱藏著對欲望的貪欲。

如果說高啟強前期是為了反抗不公平的命運，為了保護自己和家人，然而，不知是哪一次，一瞬間閃過對外物的貪婪，在高啟強心頭萌芽，他嘗到了物質的甜頭，開始不擇手段地獲取權力和財富。

於是，他去上海建工集團跪拜泰叔後，就開始沉湎於自己坐擁黑金帝國的虛榮，從此高啟強像一匹脫韁的野馬，不惜一切代價在無邊的軌道上越跑越遠，直到將自己一步步送上了不歸路……

●●●●●

外物，本是身外之物，卻帶著殷殷欲望，如燒紅了的火炭，匆匆忙忙地闖進我們生活的中心，占據了生活的制高點。彷彿打仗時，攻守一座城，於城樓頂上插旗，以示主導權一樣，人事外物，也是這樣操控了我們生活的導向和心靈方向。

我們雖然不甘心，卻還是義無反顧地如風火輪般向前衝殺，哪怕衝鋒陷陣，哪怕頭破血流，也要殺出一條血路來。

都說人生漫長，其實，人生短得讓人措手不及。這麼短的光陰，這麼美的時光，我們需要把明淨如水的人生，過得這麼殘破不堪嗎？

這是一個需要我們去面對和思索的問題。

當然，大家都曾有過這樣的心聲。

有人說：奔走在塵世的我們啊，很像一首詩句，「心似雙絲網，中有千千結」，我們像是被困在「網中」的軀殼，被千絲萬縷的「管束」和「羈絆」束縛了手腳，想要逃脫，卻是那麼無能為力。

有人說：這一生，心太忙，等不到的，永遠在騷動；等到的，永遠有恃無恐。細細想來，這一生，不過是作繭自縛、庸人自擾，只等著歲月如斯，不舍晝夜之間，帶走一切不曾被珍惜的時光。

有人說：我們如織布機上飛速盤織的那匹布，絲絲縷縷糾纏間，沿著世俗的劇本去編織它命定的花紋；又像是機械時代流水線上的一個螺帽，伴隨飛快的運轉，尋找著屬於自己的位置。

也有人說：我們是被上了發條的音樂盒，在時光的琴弦上彈奏空虛的旋律；我們是被現實抽打的陀螺，在被動的旋轉中平衡著搖搖欲墜的夙願；我們是在既定軌道上運行的行星，身不由己地按世俗設計好的方向轉動……

這些染上悲壯色彩的吶喊，穿透時光的心聲，喊出了這個時代的無奈。而所有的糾結，終逃不過兩個字：外物。彷彿這一生，只有外物是生命的底色，失去外物，就是失去了生命的鮮活。

外物縱然重要，但若是失去了靈魂深處的閒趣，外物便失去了賴以生存的沃土。就像是內部缺水的叢林，縱然眼前密林縱橫，但終有一天會水草乾涸、綠意全無。

唯有在營造外物的同時，以趣味來點綴，用趣味改變萬物，才是錦上添花。

所謂趣味改變外物，是善於用生活中旖旎多變的趣味，來「軟化」生硬刻板的外物，使我們不得不面對的外物，染上一絲妙趣橫生的色彩，人生豈不快哉？

我很欣賞《如懿傳》中，那個無論身在何處，都能活出生活意趣的如懿。冷宮的生活，本是後宮女子最悲涼的處境，卻被如懿經營得風生水起。

如懿在即將被打入冷宮之前，沒有像其他女子掩面哀傷，反而不慌不忙地坐在梳妝檯前精心裝扮著自己。侍婢惢心站在身邊，一邊為她梳妝，一邊憂心忡忡地為如懿戴上一副景泰藍的護甲。

忽然，惢心想到未來悽楚的冷宮生活，於是說道：「主兒，進了冷宮，就沒有必要戴護甲了吧。」

如懿卻淡定自若地說：「雖然身在冷宮，也要活得體面。」

在冷宮的生活，如懿依然過得有趣。生活的艱辛沒有磨滅她感受生命樂趣的心，在冷宮霉味飄蕩的環境中，她沒有蓬頭垢面，也沒有衣衫襤褸。她每天都會把發霉的衣服拿到陽光下晾晒，一如要晒乾自己潮濕的憂愁一般。

在周圍廢妃們瘋瘋癲癲的環繞中，她如一株遺世獨立的幽谷蘭花，著一身乾淨的素袍，戴一條素雅的圍巾，不飾一物的鬢髮清爽俐落，再加上滿臉歲月無恙的安詳，讓人越看越愛。

某次，當侍衛問及如懿需要送什麼東西進來時，本以為如懿會索要一些胭脂水粉、金釵首飾之物，可是心有意趣的如懿，卻恬淡清淺地莞爾一笑，說：「我想要些花籽，種一些花草。」

那一刻，我忽然發現，如懿才是烏煙瘴氣的宮鬥中最大的贏家。

不久後，冷宮潮濕的院落裡「花香滿襟懷」，生命的險境不僅沒有消耗如懿的生存意志，反倒給了她更多尋找樂趣的靈思妙想。冷宮裡凌霄花盛開，馥郁的香氣流淌過每個角落，淹沒了那曾經久久無法散去的霉味，也照亮了如懿臉上那一抹淡淡的恬靜。

如此艱難的日子，硬是被如懿演繹得堅忍而溫暖，活出了意趣生輝的味道。

原來，所謂心有意趣，是可以在生命任何角落裡，開出一朵花來。

我的一個朋友，為了事業可謂嘔心瀝血，加班熬夜是常態，長此以往，身體的透支，換來的便是健康的崩盤。

果不其然，創業三年後，他被診斷出癌症。然而他並沒有按照醫生的要求臥床化療。他前半生已經在暗無天日的渾渾噩噩中度過，從來不知道歲月靜好是什麼滋味，若用化療來結束剩下來的時光，豈不是浪費光陰？

於是，他毅然決定放棄過度治療，和妻子背起行囊，遠離城市喧囂，回到老家，一個山清水秀的鄉村，準備在「結廬在人境，心遠地自偏」的環境裡，用風清月明的生活方式，度過剩餘時光。

隱居的日子裡，再也沒有絲竹之亂耳，也沒有案牘之勞形。柴扉前的庭院裡，種滿了各種花草。清晨，在啾啾鳴叫的鳥語中醒來，迎著第一縷陽光，他和妻子沿著門前的池塘散步。他們手牽手漫無目的地走著，聽著風在耳畔微微吹過，心思悠遠，了無牽掛。而曾經創業工作時的早晨，他都是左手開車，右手打電話，忙得焦頭爛額。

清晨享用清淡的早餐，是在悠揚的輕音樂中開始，他和妻子坐在桌邊，一邊聊天，一邊吃飯，感覺每一口嚼出的，是生活的清甜意趣。而曾經工作時，他不是沒時間吃早餐，就是百忙之中隨意而匆忙地吃兩口。

早餐結束後，他或者於庭院裡掘土澆花，感受著採菊東籬的快意；抑或帶著幾本書，到山上，擇一亭子坐下來，讀一段文字。

這時，有幾本書是必帶的：作家路遙的《人生》、《論語》、《詩經》，以及蘇東坡的詩詞。提及修身養性，都離不開這些書裡要表達的精神。

《論語》裡，孔子超然物外的自在，給了他超然物外的豁達；路遙《人生》裡的反思，讓他明白，人生關鍵處，常常只有那麼幾步，走對就是幸福；《詩經》裡，滲透的是一種來自自然鄉土間最淳樸的情懷；而蘇東坡傳達的「人間有味是清歡」，正是他需要的境界……這些美好文字，讓他在物質世界與精神世界的水乳交融中，獲得了前所未有的通透。

這樣的生活過了兩年後，他竟然奇蹟般地痊癒了。

他對我說，他深信，這是生活的意趣帶給他的重生。

被忙與盲的貪婪虐心，是這個時代的主題。

生活是最深奧的哲學，忙與盲，外物與現實，都是我們無法拋卻的。

我們所能做的，便是在生活的河流前，一邊帶著熱情巡視現實，一邊帶著閒趣遐思邇想，用「物隨趣移」的生活方式，消融外物裡的沉重負擔。

就算「忙與盲」掀起巨浪，也擋不住「物隨趣移」來拜訪。

第2章

在生活的苦色和灰色之間，無用的小事是第三種絕色

無用的小事是一根針，將拚命到潰爛的生活縫合

因「無用」的出現，調劑和化解了「有用之事」的麻木枯燥，讓接下來的「有用之事」，在適度的休憩後，有了更好的出口和力量。

每到年底的時候，我總能在社群動態中看到大多數人的心聲：忙碌一年，飄零一年，剩下的，不過是一聲嘆息。

這個世界，確認過眼神，不過都是盯著那些被說爛了的名、利、欲，但最終，我們還是沒有脫離這個不斷循環的怪圈。

我的一個讀者是個典型的商人，我曾以為腰纏萬貫的他，有錢賺，就是生活的樂趣。可是有一天，他突然對我說，他很累，這一輩子似乎習慣了商務邏輯裡的等價交

換，於是眼前的一切都變得現實而功利。說是勤奮也好，說是拚搏也罷，他一度在追求目標的路上，根本停不下來。為了一座房子，為了一輛車子，為了一些錢，他傾盡所有，最後卻換來滿心荒蕪。

他真的一點都不快樂。

我們都曾有過這樣的時候：承受著生活不遺餘力的折磨，於是，累到無力時，情緒會在某一刻突然排山倒海而來，讓人淚流滿面。

在所有的精於算計裡，我們把生活過成了一道精確的應用題，每一步算式，都是為了所謂「有用」的計算。那麼，人生，會變得多麼蒼白，多麼呆板。

如果「有用」之餘，能夠透進一些「無用」的光芒，生活會不會在忙碌的間隙，在無盡的閒情逸致裡，溫暖了流年？那些無用之事，無關功利，只是在生活黑白色的畫布上，描繪幾筆鮮豔的色彩、點綴幾處綺麗的花朵，讓我們在熙來攘往的塵世裡，於驀然回首間，炫亮了乾澀的眼眸……

我看過一期關於服裝設計師馬可的採訪，其間馬可說過的一句話，深深震撼了我，她說：「無用，是她選擇做到生命盡頭的事。」

一個那麼成功的人，卻那麼深深地執著於生命中那些看似微不足道的、無用的事。作為國際級服裝設計師，忙碌是工作的必然。可是「感受」卻是馬可生命中最翩然的塵世之樂。工作態度嚴謹的她，也是一個在苛求完美的路上不停和自己較勁的人，她設計的每一件作品，自己都會不斷試穿，以確保作品在面世前每一處設計細節都妥帖舒服。斟酌作品瑕疵時，她總會讓同事們把衣服穿在身上，一起切磋對比。

就是這樣的她，卻從不曾遺忘生活的情趣。有時，在設計室和同事們夜縫的晚上，當馬可疲憊時抬頭之際，發現夜空如水，月亮很美，她會立即讓同事放下手邊的工作，大家一起笑顏逐開地簇擁著去賞月。

馬可同樣喜歡生活中那些無用的事，喜歡音樂和詩詞，她曾經策劃過一場「躺著聽」的音樂會，形式很特別：聽眾躺在她自己手工製作的「月光」墊子上，聆聽古色古香的〈卜運算元〉詞牌，感受浮躁生活中的別緻情趣，彷彿完成了某場唯美的穿越。

就是這樣一個做著無用之事的她，站在了巴黎的巔峰，成為首位登上巴黎高級訂製時裝週的中國設計師。

就是這樣一個做著無用之事的她，站在浮躁的塵世，卻依然可以眼神清澈、宛若少女。那是她內心意趣生輝的光芒，炫亮了她不凡的人生。

很多讀者對我說：「生活那麼緊迫，現實那麼殘酷，未來那麼渺茫，哪有時間做無用的事？」

也有很多讀者問我：「我們只知道，生命很短，需要策馬揚鞭，你說要做無用的事，那什麼是無用的事？」

我說：「『無用』的事和『有用』的事，並不矛盾，也不衝突。『無用』的事，不會妨礙『有用』的事，反倒會在『有用之事』疲憊不堪、毫無靈感時，因『無用』的出現，調劑和化解了『有用之事』的麻木枯燥，讓接下來的『有用之事』，在適度的休憩後，有了更好的出口和力量。」

至於什麼是無用的事，關鍵還需要在豐盈的精神世界裡去發現和體會。

我的一位朋友是插畫設計師。看過她的房間，我才知道，原來世間任何物品，在有趣味之人的手裡，都會變成氤氳靈動的藝術品。

她是學畫畫的，本來初衷是成為藝術家，她每天背著畫架，滿身油彩地周遊世界，走到某個觸動靈感的地方，就住下來，畫到天昏地暗。

偶然的一次機遇，使她在鄉下采風時，遇到一個做麵點的男孩。那天，陽光很好，照在男孩的臉上，男孩微笑的側顏被汗水微浸，他面前擺滿了各種極富藝術造型的捏麵人，看上去鮮活生動。男孩低著頭拿著一團麵糰，徐徐地雕畫著，不久後，麵糰便成了一件靈動的藝術品。

她被深深地吸引了。她感覺那些美麗的藝術品，竟然可以讓自己忘記紅塵煩憂，於是，生性自由不羈的她，決定在畫畫之餘學習做麵點。

也因為對麵點的喜愛，她和男孩成了心有默契的情侶。

他們的家裡，有一個很大的房間，專門用來放置各種畫作、麵點、手工藝品，以及裁縫所用的工具。每當繁忙的工作塵埃落定後，他們會拋開紅塵煩憂，將自己置身於這個滿是藝術品的房間。藝術是相通的，繪畫和麵點，都需要構圖色彩和造型。於是，他們會根據腦海中蓄積的靈感，繪製一幅抽象畫，再以此畫為藍圖，將畫面中的靈感，融入麵點的製作中。

很多時候，他們會把一天的時間，都用來做這些看似無用的事。她作畫，他在一邊調製顏料，畫到精采處時，他為了鼓勵她，於是偷偷蘸著油彩在她的臉上點畫，她驚駭不已，也佯裝生氣地與他滿屋子追逐打鬧。

累到氣喘吁吁時，兩人便坐下來，他開始為麵點做造型，她在一邊設計圖案。眼看著巧奪天工的作品即將完成，他們高興地將手中麵粉撒向彼此。麵粉如雪花般紛紛飄落，他們朗朗的笑聲，在妙趣橫生的快樂生活裡久久迴蕩……

當然，他們也喜歡在某個假期的午後，坐在窗前，一起製作一件手工藝品。她繡她的圖案，他裁他的布料。窗外雲蒸霞蔚，鳥語花香；屋內茶香繚繞，時光靜好。那是生命深處，無限趣味裡，蔓延而生之讓人心動的美感。

無獨有偶的是，他們閒暇之餘設計的這些畫作和麵點，居然在國外的展覽上獲得了榮譽極高的獎項。

生活總是在隨意之處，才會滋生出最生動自然的創作。就是這些無用時光裡的無用之事，給了他們意外的驚喜。

我記得她跟我說，她的初心，並不是為了什麼獎項，她只是想為繁忙枯燥的生活，注入一些妙趣，這就是她想要的幸福時光。

這一隅的幾般無用閒事，無關名利浮華，無關香車美墅。所謂的無用，不就是透過世事的喧囂紛繁，為自己留下一片怡然清歡的天空嗎？

因為，無用的小事是一根針，可以將拚命到潰爛的生活一點點縫合。

無用的「靜謐」是柔軟的劍，刎住時光凌亂的「喉」

有用，只是生活的一部分，而且是最激烈的一部分，只適合關鍵時刻的爆發力，長久的有用，也會消磨人的能量。而無用的空間，可以修身養性、休養生息、韜光養晦，以備來日之需。

我記得曾經讀過作家閆紅的一篇文章〈閱讀能解決我所有的問題〉，文章裡講到了她兩個舅公的故事。在那個年代，兩人生活艱辛，一輩子沒有娶親，相依為命。老大精明要強，老二則隨性不羈。

大舅公裡裡外外都是一把能手，農事做得有模有樣，也做過買賣，不僅燒得一手好菜，還在大城市裡打過工。因此，大舅公在村裡一直被大家看作體面人。可是不知道為什麼，就是這樣一個體面人，卻總是活得不開心。

小舅公呢，農事做得倒也不錯，收成也不差。只是他每天不慌不忙、雲淡風輕的，臉上總是掛著怡然自得的微笑。

直到有一次，她在小舅公的房間裡發現了很多書：《三國演義》、《水滸傳》、《紅樓夢》、《岳飛傳》等，這些書被保存得乾淨整潔。在那個還沒有電燈的年代，小舅公就是在那盞昏黃的煤油燈下，抱持著別人眼裡看似無用的興趣，在書的世界裡，尋找屬於自己的靜謐清淺時光。

有好幾次，要強的大舅公訓斥小舅公不珍惜時間做點有用的事，專在這些無用的事上浪費光陰。小舅公也只是笑笑，依然沉浸在文字的世界裡，品嘗著那個艱辛年代裡獨有的甘甜滋味。

她說，自己曾經以為大舅公活著的樣子，是最體面的。可是漸漸才明白，小舅公能在那個艱辛匱乏的年代裡，找到慰藉心靈的精神寶庫，才是真正的美好。

就像我們這個時代，周圍喧囂繁雜，人人都在忙碌中紛踏而過，翹首望向遠方。那些遲遲不肯眷顧的夢想，那些傾盡全力卻無法觸及的未來，等得令人絕望。

此刻，**唯有能在人們呼嘯而過的時刻裡，尚能靜心做一些無用之事的人，才能在自己的節奏裡，舒緩了焦躁，也溫熱了時光。**

莊子說過：「夫有土者，有大物也。有大物者，不可以物。物而不物，故能物物。明乎物物者之非物也。」

這句話的意思是：人們追求的物質，不過就是土地、權力、財富，這也是欲望膨脹的根源，真正懂得生活的人，都不為外物所控制，而應該是「物而不物」，主宰物而不為物所主宰，主宰功利而不被功利主宰，這就是「故能物物」的最高境界。

所以，人只有做到「物物」的同時，擺脫物的桎梏，才能實現心靈的恬靜與人生的悠然。那麼該如何才能在喧囂的世事中，覓得一方心靈的淨土，達到物物而不物於物的境界呢？

莊子認為，我們需要一種能有所緩衝的生活能力，和反其道而行之的思維。別人追求多，我們就追求少，因為少，才能慢慢蓄勢待發。水滿則溢，月滿則虧，多，反而會耗損精華。

別人追求有用，我們就追求無用。因為有用，只是生活的一部分，而且是最激烈的一部分，只適合關鍵時刻的爆發力，長久的有用，也會消磨人的能量。而無用的空間，可以修身養性、休養生息、韜光養晦，以備來日之需。

別人追求良田廣廈，我們則追求心靈自由，因為世事紛擾無非「名利」二字，而唯有靈魂的靜謐淡雅，才是逍遙之境。

•••••

我有個朋友，平時是一個特別要強的人，凡事都要親力親為，以求做到最好，做到極致。正是因為這樣的性格，工作沒幾年就晉升為主管。

可是只有我知道，這個平時在人前知性幹練的女孩，會做一件在我們常人看來，特別無用又無聊的事：折千紙鶴。

那是她學生時期的愛好。那個時候，幾乎所有的女孩，都會在繁忙的學習之餘折千紙鶴。

只要買一個淡雅可愛的玻璃瓶，把折好的紙鶴放進去，看著每天疊好的彩色紙鶴，飄落在瓶中，並一天天地填滿瓶子，心情也會一天天變得愉快而輕盈。

工作後，忙碌的生活淹沒了曾經的快樂，緊張的工作磨蝕了簡單的美好。於是，有一段時間為了升職，她患上了厭食症。

在醫院治療的時候，閒來無事，她又開始重拾年少時的美好，每天都會折幾對紙鶴，放在玻璃瓶裡。看著五彩繽紛的紙鶴，她忽然找到了遺失良久的快樂。

從此，她便在這件無用的事上，樂此不疲。

剛開始連我都不理解，因為這種看似幼稚的無用之事，既不能升職加薪，也不能開拓眼界，更不可能增長見識，累積人脈。但很多年以來，她一直保持著這個簡單的愛好，她家裡擺滿了裝著紙鶴的玻璃瓶，她說那是她幸福的據點。

她告訴我，她之所以如此癡迷於這件看似無用的事，是因為在壓力無處宣洩的工作之餘，這一點小小的愛好，能讓她在無用之處的靜謐裡，享受清淺而溫熱的時光。

她說，折在娛，而不在用。

因為每當她一個人坐在夜晚的窗前，微風自窗外飄入，看著夜空繁星點點，聞著梔子花香，手握彩紙，沒人打擾，也不喧鬧，一點點折紙鶴時，心無旁騖，會讓心在靜謐中找到安放之處。

長期處於緊張忙碌的生活節奏，而無用之處這一點小小的樂趣，卻讓她的身心得到最大程度解放。

沒錯，太功利的生活，讓我們的快樂在沉沉的欲望裡，變得闌珊而遙遠。

我們試圖把生活的每個細節都過得有意義。可是當手握物質的溫度時，精神生活卻冰冷徹骨；當腳步在熙熙攘攘中變得凌亂時，靈魂卻失去了靜謐的力量。

沒有了溫暖和靜謐的時光，曾經的初心，也會變得風雨飄搖。

很多讀者問我，我去哪裡找那些無用的事？

其實，無用的事，就在身邊，近得觸手可及。

比如：我在上班路上匆匆而過時，眼見清晨的雲霞，在淡淡的清霧氤氳裡飄散而出，那抹微紅的色彩，由絲絲點點，變成團團簇簇，最後渲染了整片天空。那一刻，我在自然的神奇力量前，內心忽然變得沉靜而清澈。

比如：我在一天焦頭爛額的工作後，於下班路上，在突如其來的雨中，撐起傘走過人潮洶湧的街頭。我忽然放慢腳步，第一次以那麼靜謐的心，觀看眼前的雨景。纖細的雨絲，如珠簾般籠罩在眼前，點點滴滴都像是一個個晶瑩剔透的夢。傘下的我，用欣喜的心境體驗著繁忙生活中難得的休憩時光。

比如：我在一次失敗的痛苦後，於一個人獨處的時光裡，爬上山頂，欣賞過秋季裡層林盡染的勝景。金黃色的楓葉，在清風中搖曳，在枝頭翩躚起舞，溫暖的秋陽裡，炫目成油畫般的斑駁光影。陽光透過枝葉的縫隙，如星星般在調皮的躍動裡灑落快樂的音符。那一刻，我的心，也在光影與樹影的閃爍下，快樂地跳躍。

比如：我在一次痛徹心扉的失意後，於白雪皚皚的冬日，心懷無從宣洩的壓力坐在窗前，看天地寒霜。「窗含西嶺千秋雪，門泊東吳萬里船」，詩情畫意在腦海裡閃現的時候，美好的感覺也舒朗了心扉。思接千載，視通萬里，心胸忽然變得開闊，詩意冰封了一切的悲傷，白雪覆蓋了一切的焦灼，整個心靈，宛如重生，乾淨而又舒朗。

就是這些簡單而無用的事，幫助我們一次次理清心頭那些被世事紛擾攪亂的思緒，一次次澆滅靈魂深處那些被俗世欲望點燃的雜念。

我們做著無用之事，眼神變得清澈而通透，靈魂變得靈動而清雅。於是，自己將可以再次以不染塵埃的輕盈，繼續上路。

我們做著無用之事，在無用之處的靜謐裡，看清淺而溫熱的時光。因為，無用的「靜謐」是柔軟的劍，刎住時光凌亂的「喉」，讓自己可以再次回到初心的起點，給自己一趟重生的啟程。

無用的時光，多好。

「奴心」至深，毒極必傷，「無用」是復生解藥

生活就是這樣，你越有執念，越是求而不得；越是灑脫，越是不求則得。越太過沉溺於「奴心」，會讓心因爲囚困而遲滯，會讓思維因爲紛擾而渾濁。唯有攜一縷無用的情致，才能在自由舒心裡，看淸世事。

記得幾年前我寫過一本書，叫《別讓心太累》。在新書簽售會上，有兩件事帶給我很大的觸動。

第一，在講述新書創作歷程時，我環視臺下的讀者，在一些讀者疲憊的眼神裡，讀到了生活的艱辛和無奈；第二，讀者交流最多的話題就是，我為什麼總是活得緊張煩躁、焦慮不安、憂心忡忡、患得患失？

我說，所有的癥結，終不過是「奴心」二字罷了。

「奴心」，說盡了這個世界裡，名韁利鎖羈絆下的自由囚困。

就如我多年前採訪過的一個商界名流。當年為了創業，他殫精竭慮，妻子受不了常年見不到丈夫的孤寂，離婚後帶著孩子遠赴海外。他的身邊沒有親人，除了工作，便是冷清的生活，日子過得了然無趣。

但意外總是不期而至。幾年後，他宣告破產。苦心孤詣那麼多年，最後一切都化為烏有。人生如夢，世事如影，在他身上體現得淋漓盡致。

他說，為了創業，他傾盡全力，本以為會換來美好的生活，可是，瘋狂的工作讓他忘記了生活本該有的趣味。他幾乎沒有感受過生活樂趣帶來的驚喜，從來沒有享受過和家人在一起的天倫之樂，儼然把自己變成了一個不苟言笑的工作機器。

本以為埋頭奮鬥，就會不斷累積閱歷。可是無數個繁忙疊加，紛亂如麻地渾濁了他的內心，也剝蝕了他曾經清晰的初心。他越來越看不清前路，越來越浮躁不安，而無數個浮躁不安，又讓他更深地迷失了方向……

他陷入了反覆糾纏的惡性循環，直到再也找不到歸路。他說，奴心紅塵裡，他迷失了自己。

破產後，他沒有馬上著手東山再起。他說，這些年，他活得太束手束腳，他要把許久以來遺失的生活樂趣都找回來。於是，他開始重拾曾經的愛好，書法垂釣、養花種草、漁舟唱晚……世事浮沉皆不掛心，滿心都是安閒自得。

一次遊歷中，他偶然結識愛好書法的同道中人，兩人結為至交。幾年後，在這位好友的提議下，加之頤養心性的閱歷，兩人創建了一家藝術培訓中心，生意日漸興盛。

從奴心天涯，到意趣人生，經過兩種不同的生活狀態，他終於找到了心靈的歸途。

生活就是這樣，你越有執念，越是求而不得；越是灑脫，越是不求則得。

因為，太過沉溺於「奴心」，會讓心因為囚困而遲滯，會讓思維因為紛擾而渾濁。

唯有攜一縷無用的情致，才能在自由舒心裡，看清世事。

莊子說：「無用之用，是為大用。」

世間清歡之事，都是從有用之餘的「無用」時光裡品讀而生的。而這些無用，卻恰如亂花迷人眼處的一絲洞悉，讓我們在瑣事煩心之餘，看清正確的心態和正確的出口。

就像在物欲橫流的世間，談一場不以利益衡量的愛情，終會收穫幸福；就像匆忙趕路的煙雨紅塵裡，暫時放下所有追逐的執念，醉無用之酒，品無用之茶，寫無用之詩，讀無用之書，為無用之事……

也許某一天，終在無用的過程中，於幡然感悟的心境中，找到鬱結心情的出口，找到曾經痛苦的根源，找到過往難題的答案，找到幽暗困境的光源……也因此，找到有用之事真正的方向；也更因此，活得有滋有味。

親戚家的孩子從小養尊處優，大學畢業後進入一家外商公司工作。涉世之初的新人都要從底層做起，公司安排她開始三個月的試用期實習，每天的工作只有列印各種檔案、端茶倒水等雜務。

一向傲氣的她，對此非常不滿意，總覺得自己畢業於頂尖大學，本應該從事風風光光的工作，打雜這種無用的小事，應該行政助理來做。

我反問她：「妳覺得什麼才是有用的呢？」她的回答果然不出我所料：「重大的決策，重要的工作。」

我對她說：「相信我，只要先把這些無用的事做好，在無用的事中磨鍊好自己，培養最基本的工作態度，總有一天，妳會看清有用的事該怎麼做。」

於是，她開始在無用的事上用心，把無用的事做得有模有樣，把無用的事做得有條不紊。

更重要的是，這些無用之事給了她更多思考的空間，讓她沉下心來，梳理清將來可為「有用之事」的生活態度。

不出我所料，試用期滿後，主管非常看重她，給了她很多重要的工作機會。做無用之事，是為了看清有用之事。當你攜一縷無用看清世事時，你就已經擁有了駕馭生活的能力。

陶淵明最喜歡的生活有三樣：採菊東籬下，把酒黃昏後，時還讀我書。

在《朗讀者》這一電視節目上，我們都見識過主持人董卿出口成章的才華，這些鮮活靈動的生活感受，都源於生活中她對於「無用時光」的理解。董卿曾經在院裡種了滿樹繁花，每當為工作奔忙到心力交瘁時，她就會坐在樹下，細看花開花落。看著看著，有時會忽然頓悟到很多繁忙時無心細想的問題；想著想著，會驀然間豁然開朗，釐清了很多不曾明白的問題，也理清了很多無法理清的紛亂。

很多人問她，無所事事地坐在樹下發呆，會不會浪費了有用的時光。董卿說，在無用的時光裡，看清世事，就是為有用的時光鋪墊出更燦爛的前路。

很多人不信，於是她認真地說：「我對未來有很多憧憬，也有很多努力的目標，但是，無論多忙多累，我依然不會忘記做一個有趣的人，做一些無用卻美好的事情，我還要告訴我的親人朋友，我們都應該這樣活著，努力在奴心的世間過有趣的人生。」

董卿說過，她很喜歡茶藝，在品茶時，她會放空心緒，看清冽的水，與碧綠如浮萍的茶葉，在沖泡的一瞬間完美交融，彼此躍動。小酌一口，品的是茶葉背後承載的文化，感受的是心煩意亂時那份醇香清冽的靜謐。

她也熱愛廚藝，她認為煙火氣的煎炒烹炸，可以讓生活的無奈隨著煙火氣一起升騰而消散，可以放逐所有不悅的心事。所以，每當心情不好時，董卿都會為家人烹製一份愛意滿滿的晚餐，那時候她感覺自己被濃濃的煙火氣包圍，足以抵禦世間一切紛擾。

她同樣喜歡閱讀，並願意在一紙書香間，將身心交付於故事中的人物，看別人的故事與自己的人生，在惺惺相惜的文字間彼此撫慰。

董卿還會在某個冬日，躺在溫暖的床上看雪花飄落，她覺得那洋洋灑灑的漫天冰清玉潔，在覆蓋世間萬千塵埃的同時，也覆蓋了自己內心此起彼伏的心事繁雜。那一刻，這紛亂浮躁的世間帶給她的困惑，忽然變得無足輕重了，內心也開始嚮往純澈而不慌不忙的生活態度。

就像一位在職場上叱吒風雲的女企業家說過的一段話：「你可以在蠅營狗苟、明爭暗鬥的職場獨木橋上，停下腳步側過身，管他身邊的人熙來攘往、互不相讓，你只去欣賞路邊飄過的柳絮，看著它們自由無羈地飛過天地間。這種漫看雲卷雲舒的心境，總會讓你在不經意間找回自己明晰的初心，讓自己的靈魂在疲憊迷茫時重新梳理與振作，繼續帶著錚錚豪氣上路。」

所以，不妨縮減那些填滿生活細節的看似有用之事，留一點空隙，品一杯茗，做一道菜，看一片雪，讀一卷書，感受慎獨的心境。

就像一朵雲，自然地漫遊在天空，不問來路，不問歸處，只是看一些無用的景，做一些無用的事，花一些無用的時間。看似毫無遠見，卻終究會在日積月累的變化中，因為閒來思物的滋潤，豐滿了靈魂。

這些瑣事，並不能立竿見影地讓我們看到所謂的成果，可是攜帶著這些淡淡的無用走過喧囂的世間，做有用之事的思路和精氣神，也會越來越豐厚。

那是生命在錯綜複雜的間隙裡，撥開混濁陰雨，看到的一絲清明。那也是靈魂在疲憊迷茫時，重新梳理與振作後錚錚上路的豪氣。

無用是韜光養晦的發酵，必會成全無心插柳的優秀

很多時候，那些無用之事並不能立竿見影，但它們能在韜光養晦的發酵裡，慢慢醞釀成一股潛在的力量，蓄勢待發之際，讓我們找到更擅長的方式、更適合的人生，直到成全無心插柳的優秀。

「我想學畫畫。」

「這有什麼用，能帶來經濟效益嗎？」

「我就是喜歡旅遊。」

「旅遊有什麼用，能當飯吃嗎？」

「我想學習插花。」

「那有什麼用？能賺到錢嗎？」

我們總會聽到很多將無用之事打擊得一文不值的話，彷彿花時間和精力在一些無用之事上，就是荒廢時光。彷彿只有有用，才是將事物價值物盡其用的最好方式。

上學時，埋頭苦讀是唯一的王道，考試是唯一的法寶，成績是唯一的標準，除了學習，彷彿其他「無用」的事都是荒廢學業。畢業以後，高薪工作、體面職位、晉升機會，成了職業生涯奮鬥的全部意義，除了工作，彷彿其他一切消遣都是對生命的褻瀆。

從明白生存的意義開始，我們就在「有沒有用」裡權衡著生命中每一件事情的價值。生活中所遇到的一切人事物，都被人們固有的思維模式，習慣性地劃分為「有用」和「無用」兩個對立面。

學技能是有用的，玩遊戲是沒用的；埋頭苦幹是有用的，養馬種花是沒用的；奮鬥不息是有用的，閒庭信步是沒用的。

只有立竿見影的功名利祿才是王道，如果不能「在最短時間內看到最有成效的結果」，如果不能把「最期待的目標在最合適的時間內完成」，如果沒有「馬上變廢為寶的能力」，那麼，我們更沒有資格拿無用來消遣自己的人生。

● ● ● ● ●

我的一個朋友是老師，她的教學方式很是與眾不同。

她帶的班上曾經有一個成績落後的學生，很多學科的老師都為之頭疼，唯有她不以為然。孩子的家長尤為著急，經常問她自己應該怎麼引導孩子學習，平時需要給他看什麼樣的書，才有助於提高學習成績。

她卻推薦家長引導孩子看一些與學習無關的書，比如遊記、人物傳記、成功學等。

她還經常鼓勵這個學生去做一些與平時學習無關的事情：比如玩線上遊戲、運動、爬山、畫畫、看藝術展、看歌舞劇、看電影、聽音樂、做義工……

她也會鼓勵孩子照顧流浪狗、幫助那些需要關懷的人、與親人朋友和睦相處、在旅途中做一些有意義的事情，甚至微小到給照顧自己的人一個溫暖的擁抱、搭公車的時候讓座給老人……

看上去都是一些不會直接為學習成績帶來任何實際效益的事，可是三個月後，這個學生因為一篇真實感人的遊記，登上了年度最感人校園作文的榜首；四個月後，孩子的數學成績有了突飛猛進的提升，那是因為在一次做義工時，一位極具數學天分卻沒有能力上學的貧困生故事，深深觸動了他的心靈，於是便有了自省努力的成果；半年後，這個孩子的英語考試從倒數第一直接殺進前十，那是因為看了許多英文歌劇後，英語水準自然累積而成的結果。

看著自己的教學成果，她驕傲地說：「無用是韜光養晦的發酵，必會成全無心插柳的優秀。」

這個社會，似乎很推崇「有用則行之，無用則厭之」的生活方式。

實用主義，已成為長在我們靈魂裡的花朵，彷彿只要深植於心，就一定能開花結果。彷彿只有趁著年華正好，才有更多奮不顧身的精力上路，才能用豐厚的物質財富和卓越的工作能力，體現不負光陰不負己的魄力。而那些無用的事情，不過是生活的附屬品罷了，以後自有閒暇的時間。

但時光是最好的見證，走過少年讀書、青年打拚、中年養家，剩下的時光，已是風華不再，縱有千種意趣在心中，卻已沒有餘力再細品其中滋味。

很多時候，那些無用的事的確不能立刻卓效不凡，但它們能在韜光養晦的發酵裡，慢慢醞釀成一股潛在力量，蓄勢待發之際，必能讓我們在更了解自己的時候，找到更擅長的方式、更適合的人生，直到成全無心插柳的優秀。

我的一個同學，從小學時代起就喜歡音樂。別人的課桌上擺滿了各種學習書籍，唯有她的課桌上空空如也，卻非常醒目地被她畫上了一組鋼琴鍵盤。無論上課下課，她總是對著那一排發不出任何聲響的鍵盤，自得其樂地彈奏著。起初，老師們很生氣，後來也就見怪不怪了。

這個大家眼裡做著「無用之事」的怪人，在同學們都忙著備戰大學考試的時候，依然忙著把玩自己的「樂器」。

最後，老師直接告知家長，她如果繼續這樣下去，不但和大學無緣，還會自毀一生。於是，父母為了她的前程，把她身邊所有和音樂有關的東西都沒收了。

但是為音樂著魔的她，心中狂熱已不是外力能阻止的了，高三前的衝刺課程完全無法入心，在她耳畔心頭迴響的永遠是此起彼伏的樂音。最後，成績慘澹的她只上了一所普通大學。

早在意料之中的老師放話了：對於一個不在「有用的事」上下功夫，而只在「無用的事」上荒廢光陰的人，這輩子也就這樣了。

於是，她成了大家眼裡那個永遠都不會有未來的人。

在大學裡，沒有了約束的她自然也有了更多玩音樂的機會。天賦使然，她無師自通。起初她只是彈彈吉他，偶爾在同學們面前炫耀一下自己的音樂才能，這倒也吸引了不少學校的粉絲。

漸漸地，初有名氣的她在學校裡結識了一些愛好音樂的朋友，他們經常三五成群地聚在一起探討音樂，時不時自彈自唱，來一場音樂演出。後來，他們一起組了一個樂團，只要學校有活動的地方，就會有他們登臺的身影。

可是，在別人的眼裡，不好好學習，沒有扎實的專業基礎，天天玩音樂，只有這些無用的技能，將來要是進了社會，注定是要被淘汰的。

有些人好奇地問她，天天這樣玩音樂，有錢賺嗎？她很清楚，賺錢並不是她的初衷，這都是出於興趣愛好，如果想要打造出有自己風格的樂隊，可能還得自掏腰包。

但是，她還是義無反顧地熱愛音樂。那些不理解的眼光和聲音，她真的不在乎，就像對老師曾經的鄙夷不予理會一樣，她依舊繼續堅持著這些所謂的「無用」事情。她知道，她只是希望在這件大家都認為「無用」的愛好裡，找到生活的幸福感和方向感。

後來，為了讓更多人認識她的音樂，她帶著自己的樂團走出校園，以自娛自樂的形式在街頭巷尾彈唱。他們所到之處，美妙的音樂必會吸引很多路人駐足觀賞。很快，她的粉絲也慢慢多了起來，當然了，就算是這個時候，人們還是會質疑：做這些有什麼用？能當飯吃嗎？

某次，樂團的一場直播被一位唱片公司老闆看到，這位老闆極其賞識她的音樂才能。於是直接找到她，希望她可以加入唱片公司，在正規的團隊包裝下出唱片。她喜出望外，多年的堅持終於有了撥雲見日的一天。

她在進入唱片公司後出的第一張唱片，便收穫了很不錯的市場反響，唱片大賣。於是深諳她音樂前景的老闆決定送她出國深造，不久後她遠赴美國，進入某知名音樂學院學習。三年後學成歸來，搖身一變成了知名音樂人。

聽說了她的故事之後，很多人都說，天哪，這就是一個普通人逆襲的故事嗎，真的太厲害了。她跟我說，其實，她從來沒想過要逆襲，只是勇敢地在別人不理解的目光中，做著那些別人看來「無用」的事。如今人們口中所謂的逆襲，都是由當初那些看似

沒有前途的小事中累積來的。

正是這些「無用」裡韜光養晦的發酵，才成全了她無心插柳的優秀。

我看過作家梁文道寫的一段話：「讀無用之書，做無用之事，花無用之時，都是為了在一切繁重世事之外，保留一個超越自己的機會，後來，人生中一些很了不起的變化，就是來自曾經那些無用的時刻。」

人活到最後，你會發現，**無用比有用更有生命的力量。所有的「無用」，都是為「有用」醞釀和累積更多的潛質。**

正因這些無用之事，我們才從禁錮的心靈中，走向靈魂的自由，才有了更多思考和頓悟。也正因這些無用之事，我們才從生存的逼仄空間，走向人性的本真，我們的心靈，才變得更加從容曠達。

第3章

歲月很長，人間很忙，我在中間踩著雲朵販賣樂趣

就算昨夜雨疏風驟，我也要用時間煮雨，用歲月縫花

生活中有很多無法預知的「昨夜雨疏風驟」，一覺醒來，是感嘆綠肥紅瘦，還是笑聞「春雨潤如酥」，決定了一個人生活的意趣和品質。你說你不願種花，你不願看到它一點點變得「紅稀香少」。可是，爲了避免結束，你也錯過了一切有趣的開始和過程，不是嗎？

李清照在〈如夢令〉裡寫道：「昨夜雨疏風驟，濃睡不消殘酒。試問捲簾人，卻道海棠依舊。知否，知否，應是綠肥紅瘦。」

初讀時，總覺得詞中洋溢著的，滿是詞人的惜花惘物之情。後來細細品讀，我才發現，這首詩的寫作時間是在李清照和丈夫離別後，因此她滿懷不捨的內心裡，隱含著睹

物思人、感嘆春意闌珊的心緒。

所以，惜物的背後，其實是詞人內心深處對逝去之物的眷戀和不捨。

其實，對美好事物留戀是人之常情。只是，感嘆春花易逝，難免內心失落；不如坦然笑看一切世事變遷，才能在每一處或好或壞的境遇裡，找到生活的精采。

我的一個朋友是心理諮詢師，她說在接觸的無數個案裡，都有一個通病：在困境中執著於悲傷，總覺得困境是深淵而非救贖。

她說，這是一個人喪失生活樂趣的最大心魔，人生漫漫，困苦亦多，如果因為悲傷而埋沒了生活的興致，那麼生活就真的變得暗淡無光了。

每當與患者面對面坐在一起時，她總會先習慣性地問一個老套的問題：這世間誰是最幸福的人？

大多數人都認為除了自己，別人都是幸福的。而當她問到誰是最痛苦的那個人時，很多人又都會認為是自己。

其實，在成為心理諮詢師前，她也曾經是芸芸眾生中一個抱有同樣想法的人，她也曾在失意時質疑自己的不幸，抱怨命運的不公，覺得自己一無是處。

直到有一天，一件生活中看似微不足道的事情，改變了她的想法。

那天，跟前夫離婚後，她心情沉痛地走過公園小徑，看著一個個幸福的家庭，充滿歡聲笑語從眼前走過，她忽然有了一種遺世孤立的悲涼感。那一刻，湧出的眼淚瞬間模糊了雙眼……

就在她無意間抬起頭的那一刻，看到了一個失去一條腿的女孩，撐著拐杖走在花叢邊的小路上。原本行走不方便的女孩，被腳下的石頭絆了一下，一個踉蹌便摔倒在地，整個身子淹沒在花叢中。

本以為女孩會傷心地掩面而泣，可是，她分明看到女孩掛起平靜的微笑，撐著拐杖晃晃悠悠地站起來。站穩後，女孩沒有第一時間拍掉身上的土，而是雙手隆起放到鼻邊，面帶欣喜俏皮的笑容，半閉著眼睛愜意地輕嗅著。

這時，旁邊一個小男孩好奇地走上前，問道：「姐姐妳不疼嗎？為什麼還能笑得那麼開心？」

女孩說：「疼，但是摔倒的那一瞬間，我聞到了花香，站起來的時候又聞到了滿手泥土香，所以，我覺得偶爾摔一跤也是一件很有趣的事……」

女孩的話，像是一縷帶著魔力的馨香，從空氣中慢慢飄蕩到她心裡。她驀然間意識到，**那些被生活風雨囚困的愁緒，除了使自己的生活雪上加霜，此外毫無意義**。

從此，她便開始蛻變。她說，如果能在生活的雨疏風驟裡，不再感嘆香消玉殞、春水東流，而是順應境遇，在風起雲湧的剎那靜觀其變，那麼，自己就一定能夠以曠達的心境「笑聞綠肥紅瘦」，把注意力轉移到那些開心快樂的事情上，從而把眼前的失意演繹成另一種樂趣。

真可謂心念一轉，世界皆變。

她的世界的確變了，後來她成了心理諮詢師，在自己的故事裡，帶著更多人走出心靈困境，發現生活風雨處的無限意趣。她不僅救贖了自己，也照亮了別人。

我曾經在網路上看到過一組圖片，看完後整個人都被震驚了。

一對夫妻遭遇了一場突如其來的車禍，車在急剎中旋轉翻倒，一道道血跡從傾倒的車窗滲出，丈夫從車門中探出頭來，用力地掙扎準備站起來。

車內，他的妻子還在驚魂未定地躺著，不過這時候丈夫已經查看了妻子的狀況，發現她除了輕微擦傷，並沒有大礙，只是瞬間到來的驚嚇讓她有些措手不及。很快，夫妻倆都慢慢從驚慌中鎮定了下來，互相攙扶著從車裡爬了出來。

看著倒在地上殘破不堪的愛車，他們沒有扼腕嘆息，也沒有彼此抱怨，而是心懷劫後重生的欣喜走到車頭前，舉起手機，來了張紀念性的自拍。

妻子的表情已經全然沒有了驚恐之意，泛起笑意的梨渦裡盛滿欣慰喜悅，丈夫還調皮地瞇起眼睛擺出剪刀手。

初看此景，還以為是在拍電視劇，實則是現實中發生的真實一幕。事後問及夫妻倆當時驚人舉動背後內心真實的想法，兩人激動地說，**既然意外已經發生，傷春悲秋已是於事無補**，而能安然無恙地從車禍中倖存下來，本身就是一種幸運，逢凶化吉撿回來一條命，難道不是一件值得紀念和慶祝的事情嗎？

原來，我們需要的就是這樣一種無畏世事風雨的格局，格局有多大，世界就有多大。只是生活中的我們，平時都會說世事無常，要坦然接受，而當無常真正到來的時候，又總會身不由己，失意落寞，為眼前的難題而無奈，覺得沒有了明天。

生活中有很多無法預知的「昨夜雨疏風驟」，一覺醒來，是感嘆綠肥紅瘦，還是笑聞「春雨潤如酥」，決定了一個人生活的意趣和品質。很多時候，你不願意種花，你說，你不願看到它一點點變得「紅稀香少」。可是，為了避免結束，你也錯過了一切有趣的開始和過程，不是嗎？

● ● ● ● ●

無獨有偶，我一個讀者的生活中也曾發生過這樣的事情。

某次，就職於圖書出版公司的她，因為年底趕進度，加班到深夜十一點。下班後趕到地鐵站，因錯過末班車，又遇上下雨，她站在緊鎖的地鐵站口，一時之間不知所措。

後來，她為了省錢不願搭計程車，便乾脆騎著公共自行車飛奔回家。路過一個路口，因為天黑霧大，一不留神撞在馬路警示柱上，人仰馬翻之際，包包裡的筆記型電腦還被甩了出去，瞬間裂成兩半。

但是，她接下來的舉動，刷新了我的價值觀。

她拿起手機，抱著破碎的電腦，揉著摔疼的大腿，竟咧著嘴拍了一張自拍。後來，她對我說，她只是覺得電腦都報廢了，所幸人沒事，劫後餘生本身就是最大的幸運，所以一定要用手機記錄下生命中這珍貴的一刻，以此來紀念不幸中的萬幸。

於是，她在社群寫下了這樣一句話：寵辱不驚，看身前電腦報廢；去留無意，望身後壞運隨風。前路漫漫亦燦燦，願今天所有的遺憾，都是下一場驚喜的鋪墊。

這心態，讓人折服！

在古人的詩詞中吟誦的「花自飄零水自流」裡，我們總能嗅到一絲悵然的意味。尤其是在感嘆秋光易逝，草木凋零時，彷彿時光帶走的不只是落葉，還有歡樂的意趣。

但是看《玉簪記》裡的書生潘必正。某次，他在深秋時分躺在床上，忽然聞聽屋外殘葉紛飛，於是他披衣而出，坐在滿天繁星下，欣喜地細數落英繽紛。人生的美好易逝，也在這一份雅然的閒趣裡，變得溫暖而美好。

落紅不是無情物，這落紅的美，還在於人心的意趣生輝。

就算昨夜雨疏風驟，我也要用時間煮雨，用歲月縫花，這是何等曠達的心境。在這樣的心境映襯下，所有的昨夜雨疏風驟，也不過是明天無畏綠肥紅瘦的鋪墊。

浮光掠影匆匆，抬頭看天上就是光

抬起頭，只是一瞬間的停頓，心便有了不同的頓悟。那是側畔千帆過盡時，卸下沉重負荷，在輕盈而詼諧的心境中，去發現生命的美好情致。

一路走來，我們看過風，看過雨，看過浮世，看過繁華，看過物欲，看過名利，看過榮寵，看過虛名……

我們一直低著頭，在自己構想的美好人生裡，在腦海中無數遍耕種過的未來藍圖裡，描繪著一直以來想要的生活模樣。

行色匆匆間，身邊所有的美好，成了一閃而過的浮光掠影，被我們如風的腳步拋諸腦後。

我們在熙熙攘攘的人流心海裡，忘記了抬起頭，看一朵變幻成不同形狀的雲彩，在風中慢慢飄蕩，愜意地舒展著肢體；忘記了抬起頭，看一排排大雁，一會兒排成「一」字，一會兒排成「人」字，在有序佇列中尋找回家的方向；忘記了抬起頭，看一片片翻飛的樹葉，纏綿成幾許相思，不忍離開樹的懷抱；忘記了抬起頭，看一片片雪花，在天空靜靜繽紛，溫暖了整個冷冽冬日；忘記了抬起頭，看一滴滴雨絲，連成晶瑩剔透的水線，在空中迷蒙成霧，浪漫了整個夏夜；忘記了抬起頭，看一彎新月如鉤，如一葉輕舟停泊在湛藍如水的夜空……

只是一抬頭，生活便有了另一種仰望的維度。而正是這個小小的維度，讓我們的生活多了一絲繁忙喧囂下的情致。

•••••

我在讀者群裡做過一項調查，主題是：你有多久沒有抬頭看這個世界的美好了？

有的讀者說：昨日傍晚下班後，我一如既往開車穿梭在人流中。塞車到心急如焚之際，抬頭望向天空，突然發現夕陽西下的天空中，晚霞異常美麗，猶如畫紙中渲染的水彩畫。我瞬間被這種美感染，不禁忘記了工作的煩惱。恍然間，我已經想不起來，上一次發現大自然中美好的景象是什麼時候了。

有的讀者說：現今，隨著物質需求的急速增大，人們對於生活品質的要求也越來越高，更多的時候，我們都沉浸在獲取豐厚物質的路上，忘記了關注身邊的美好，忘記了奔波之餘，坐看興之所至的精采。

有時就算發現了美好的事物，也不過如蜻蜓點水般瞥一眼，便繼續趕路。你會發現，對於身邊美好事物，自己關注得越來越少了。

有的讀者說：不是不願意抬頭，只是壓力耗盡了抬頭的力量。我覺得現在最美好的事情，就是回憶那些兒時的樂趣。還記得小時候和玩伴們在一起，放學後三五成群地在樓下嬉戲打鬧，捉迷藏，扮家家酒，跳橡皮筋；玩到樂此不疲時，抬起頭聽著耳邊傳來各家父母呼喊孩子回家吃飯的聲音，那聲音此起彼伏，在我們奔跑飛騰帶起的塵土裡迴蕩，回想起來，滿心美好。

有的讀者說：你會發現現在的大城市，人們總是低著頭走路，或神色凝重，或眉頭緊鎖，或一臉茫然，行色匆匆間沉浸在自己的心事裡，漠視了身邊的一切。他們看不到一朵花從眼前飄落，看不到一個孩子在風中嬉笑奔跑，看不到路邊搖著蒲扇的老人茶餘飯後的東拉西扯。真沒意思啊，這樣的世界……

是的，我們這個時代的人，在行色匆匆的浮光掠影裡，忘記了，那一抬頭的驚喜。

唐朝詩人王維心儀陶淵明的風範已久，於是作詩云：「渡頭餘落日，墟里上孤煙。復值接輿醉，狂歌五柳前。」這裡「狂歌五柳前」的人物原型，就是陶淵明。

陶淵明在自傳文〈五柳先生傳〉裡寫道：「先生不知何許人也，亦不詳其姓字，宅邊有五柳樹，因以為號焉。」

當我們還在為名利，低頭在行色匆匆的浮光掠影裡追逐不休時，穿越千年，遙望曾經生活在這片土地上的陶淵明。他淡泊名利，如浮世逸草一般，用住宅邊的五棵柳樹為自己取名。

他遠離世事喧囂，安靜寡言，也不羨慕榮華利祿。他喜歡讀書，每當對書中內容有所領悟的時候，他就會高興得像個孩子一樣手舞足蹈，這是他獨有的生活意趣。

每當生活的艱辛如枝蔓般攀上心頭，他就會在五柳樹下，抬頭望著雁南飛、望著流雲隱隱、望著楊柳依依，手捋絲絲鬢鬚，吟詩幾首，以排遣心中憂悶。這也是他獨有的生活意趣。在這一抬頭的驚喜裡，世間得失已悄然遠逝。五柳先生，從此便可逍遙地過完自己的一生。

隨著時光，回到我們生活的這個時代。

現如今，社會上總會有這樣的一幅景象：無論是在路途中、公車上，還是家裡或是其他場合，人們永遠都是低著頭，或者皺眉沉思，或者電話不斷，或者盯著筆電，或者把玩手機。

於是就出現了這樣的一幕：路上，行人低頭匆匆而過，忽略了身邊的花香鳥鳴；公車上，人們低頭忙著查看筆電裡的資料，看不到車窗外眾生百態的大千世界；家裡，人們低頭急於整理明天工作所需的報告檔案，無視了父母那想要和你說說話而熱切期盼的眼神；飯桌上，人們低頭接打各種電話，而忽略了孩子正在伸出渴望的手呼喊而出的「爸爸媽媽」。

我的一個朋友，她是一名典型的工作狂，因為極度要強的內心，所以總馬不停蹄地往向前的路上奔忙。

幾乎每天上下班的途中，她都會戴著耳機，低頭打電話，這個世界的一切在她眼裡都是浮光掠影。回到家也總是埋頭使用電腦，有時好幾個小時都不和家人說一句話。

她說，她已經忘記上次抬起頭好好看看這個美好的世界，是什麼時候的事情了。

某天傍晚下班，她開著車行駛在車水馬龍中，這天沒有繁重的工作壓力，於是百無聊賴的她，不經意抬起頭看向車窗外，忽然發現許多已經很久都不曾注意到的美好。

她看到一群放學的孩子，背著書包，在風中奔跑，嬉笑打鬧，那快樂的模樣，像極了小時候朝氣十足的自己；她看到一群身穿花衣服的阿姨，晚飯後集合在一起跳廣場舞，渾身散發無限活力；她看到夕陽餘暉照耀著路邊花朵，燦爛光源與繽紛色彩交相輝映，美得惹人憐愛……

於是，她乾脆停車奔向廣場，在光影和花影的律動下，跳起了自己人生中的第一支廣場舞。

生機勃勃的天地間，她體會到了喧囂生活之外的人生樂趣。

抬起頭，只是一瞬間的停頓，心便有了不同的頓悟。

那是側畔千帆過盡時，卸下沉重負荷，在輕盈而詼諧的心境中，去發現生命最為美好的情致。

抬頭看，天上就是光。

在「靜觀」的高明裡，享受無租期的三畝花地

一次次呼嘯而過的奔忙裡，留下了不曾有一刻可以停歇的腳印。這一串串爲了生活走過的腳印裡，是重重踩踏下去的心靈負擔。我們忘記了到底多久沒有在靜觀的悠然裡，細數流年，看流光如水。

很多讀者問我，人生是什麼？

這是一個亙古不變的話題，不切實際，卻又現實可觀。

我說：「人生就是一場不停的行走，紅塵裡，每個人都在追逐，為名為利，為欲為望。從春到秋，從日出到日落，從少年到白頭……」

誰不是萬水千山走遍，誰又不是拚盡全力，赴此一生？

生活是一場每個人都要趕赴的盛宴，為了盛裝出席，我們努力用物質包裝光鮮的外表，也努力用才能豐盈深刻的內在。粉墨登場之際，在別人羨慕的眼光中，也許只有自己知道，臺上一分鐘，臺下十年功，這些年為了活得風生水起，我們曾經為此付出了怎樣的艱辛。

一次次呼嘯而過的奔忙裡，留下了不曾有一刻可以停歇的腳印。這一串串為了生活留下的腳印裡，是重重踩踏下去的心靈負擔。這裡，沒有「靜」，沒有「觀」，熙熙攘攘裡響起的，是快馬加鞭莫等閒的催促。

我們忘記了到底有多久沒有在靜觀的悠然裡，細數流年，看流光如水。

● ● ● ● ●

在讀者群裡，對於這個話題的熱度，持續不減。

有人說：我真的很想知道，在這個全民浮躁的時代，如何在紛亂忙碌中，兼顧詩與遠方？如何在朝九晚五裡，靜觀生活的美好？如何在物欲薰心的環境下，忠於內心，讓生活過得有滋有味？

有人說：時代紛繁複雜，忙碌的人們，最終還是要從外物回歸到內心，而這種回歸，在今天變得更難，卻也更迫切，我們都需要找到這個入口。

有人說：這個世界，越是在意，越是失意；越是急切，越是煩躁。我明顯感覺到身邊的人比從前更急躁了，包括我自己……

在這個資訊爆炸的時代，哪裡靜得下來？物欲需要財富來滿足，心靈需要知識來武裝，這內外兼修的裝備，哪裡是輕而易舉能夠換取來的？

我的一個朋友是報社記者，經常做採訪的她，對評論社會熱門議題相當在行。她說，身為記者，其實她也一直在匆忙的時代裡穿越火線。每天的生活都是背著相機一路小跑，各種採訪報導，再到媒體短影音製作，她在自己的忙碌裡，感受著別人的忙碌，於是，心裡就有了一股難以名狀的急躁。

著急什麼呢？無非是名韁利鎖，無非是榮華富貴，無非是前程似錦……

儘管明明知道比上不足比下有餘的道理，也知道還有很多人過得不如自己，但不知道為什麼，總是覺得自己才是過得最不好的那些人。

於是她曾對我說，這個時代，最難做到的就是靜觀了。

深以為然。我們每個人都曾經有過這樣的經歷：看著別人年入百萬，一年賺得一輛名車，羨慕嫉妒之餘，不平衡的內心開始惶惑不安。別人的房子越換越大，再看自己十幾年沒有改變的現狀，總覺得自己輸的不只是顏面，還有縱橫江湖的氣場。

於是，我們除了上班時馬不停蹄地忙碌，還有下班後的苦思，不斷反問自己是不是沒有未來了？人生征程是不是就此戛然而止了？想著想著，瞬間感覺沒有了存在感……

內心的喧鬧，不是一種病，卻滲透到了我們生活的每個角落。

靜觀這個詞，來源於北宋哲學家程顥的〈秋日偶成〉一詩：「閒來無事不從容，睡覺東窗日已紅。萬物靜觀皆自得，四時佳興與人同。」

詩中傳達的精髓是：無論世事如何紛擾，心情若閒靜安適，靜觀萬物，都可以得到休養生息的樂趣。

古哲賢士在仕途中深感疲憊和厭倦後，往往會選擇避世隱居，或擇一茅舍，守一樹一田，靜觀日升日落，做一個充耳不聞山外事的「閒士」。

但生活是現實的，柴米油鹽，車子、房子、金錢，是生活的必需品，誰都不能脫俗，誰都無法免俗。

因此，我們需要修練的，是現實中「鬧中取靜」的技巧。

記得以前在雜誌社寫稿時，我採訪過一個憂鬱症患者。採訪時她已經康復得差不多了，因此她很歡迎我把她的故事寫出來。

那時的她正在經歷人生最灰暗的時期，失業離婚，外加父親離世，重壓之下的她，幾度精神崩潰。彼時的她，憤世嫉俗，厭世厭物，於是抱著逃避的心，入寺為尼。

一番千迴百轉後，她發現，無論身在何處，如果心不靜，一切都是喧囂。真正的平靜，不是避開世事紛擾，而是在心中修籬種菊。

於是，她回到家鄉，將自己家的老房子翻新，家中一切布置都是自己喜歡的物品，院裡種了幾株垂柳。就如自己內心所憧憬的一樣：忙完一切瑣事，放下一切心事後，在閒情逸致的日子，於楊柳依依的樹下擺幾張桌椅，泡一壺清茶，邀三五知己，看月上柳梢頭，看繁花在暮色裡搖曳……

漸漸地，靜中的她開始頓悟：生命來去是常態，執念不如隨緣。

她說，這個世界上最美好的事，就是在喧鬧街市中，在繁雜心緒中，有一處院落，有一片淨土，可以仰天看繁星，可以低頭數流年。

一語道破一個「靜」字在生活中的境界。

我們都是這個時代裡忙碌的靈魂，因此大家都有相同的生活經歷。

清晨，在朦朧中，聽見了鈴聲和手機振動的聲響，強忍著睡意和渾身酸痛，從床上掙扎起來，匆匆忙忙地洗漱之後，就開始了一天的行程。

生活似乎也本該如此，在周而復始中旋轉，緊湊地完成一個接一個的任務，就像是日夜不息的齒輪，彷彿稍微有所懈怠，整個生命就會停滯不前。我們習慣了每天走路帶風，習慣了心不在焉地草草用餐，習慣了把生活的美好當作過眼雲煙……

在這樣的生活裡，我們漸漸失去感受四季流光踩過心上的聲音，忘記了這個世界還有日出日落，還有朝霞暮光。在上司的嚴厲催促下、同事的鄙夷裡、朋友的比較中與社會壓力下，一點一點地變得急功近利，變得急躁，變得麻木，變得木訥而無趣。

在生活來去的倉促中，一切趣味生機，都已擦肩而過。

● ● ● ● ●

我經常在長時間寫稿後，站在陽臺邊，放下所有的故事和文字，靜靜看向窗外。偶爾，看到樹葉上灑落斑駁的陽光，閃爍跳動間，心靈彷彿已經被帶到了林間深處。

我穿著白色衣裙，裙角在風中輕舞飛揚，一縷陽光灑在落英繽紛的草地上。抬頭，樹叢間簇擁的綠葉映著陽光，鑽石般的光暈透過密密樹林，明晃晃地投映在林中每個角落。不時一陣微風吹來，整片樹林的葉子如風鈴般搖曳舞動……

思緒，也隨著這一抹「靜觀」的興致，留在內心的安寧中。

我的一個讀者，也有著自己獨特的生活情致。他說，生活不只是無止境的工作與任務，在這令人窒息的空間裡，需要尋找一絲清靜去喘息。他每天晚上都會一個人去空曠的地方獨坐冥想，安靜的地方更容易讓喧鬧的心平靜下來。那時，他會閉上眼，在晚風輕撫下，聆聽周圍萬物的聲音，一切都會豁然開朗。

閒暇時，他會和家人一起去郊外徒步，一路感受大自然的風光，感受這世界不同的景致，去體驗不一樣的生活方式，去品嘗異鄉的美食。沒有焦急的生活，沒有煩心的業務，沒有未來的憂慮。只有此刻，感受這時光裡散落的小美好。

休養生息後，才有了繼續趕路的餘力。

世事如麻，剪不斷，理還亂。

萬水千山走遍，一路塵囂一路風雨，沾染了太多紛繁雜念的心，像是蒙塵太久的瓷器，就算拂去塵土，也會嗆了鼻，迷了眼。於是，想要真正的「靜」，似乎成了一種可遇而不可求的奢侈。

但是，塵土總要拂去，才能看清世事。一路風塵，一路梳理，當生活的樂趣，一點點滴水成河時，塵埃落定後的恬淡心境，自會邂逅不期而遇的美好……

行到「水窮處」的陰溝，也不忘踩著雲朵販售樂趣

如今的我們，每當行至「水窮處」，總會抱怨世事無常，遇人不淑，眼前的一切彷彿都隨著自己的心情變得晦暗無比。硬生生地把「就地取樂」這種天賜的美好情趣，掩埋在了被世事磨礪得面目全非的生活裡……

世事沒有完美，我們總會行到「水窮處」。

我們遺憾、感嘆著，為了那些沒有做完就結束的事，為了那些沒有實現就消散的夢，為了那些沒有開始就已經失去的願望。彷彿一切已經走到盡頭，看不見前路，找不到退路，佇立在原地，不知何去何從……

這一段心事，不是我的喃喃自語，而是紅塵中的我們，都曾經有過的感觸。

行到水窮處，就像是生命擺在我們眼前的一段命題，又像是上蒼冥冥中的一個考驗。此刻的你，到底會怎麼做？一個大大的問號，在心間落地成謎。

那麼，就讓我帶著你，走進詩人王維的世界，看一看他在幾段不同的人生境遇中，如何向我們詮釋和解讀「行到水窮處」的出路。

王維一生跌宕起伏，經歷了安史之亂與世事滄桑，一生幾許傷心事，竟無從述說。

第一段，在〈初出濟州別城中故人〉一詩中，王維看到的「井邑海雲深」。那時他還年少，離開長安的他表面上似乎灑脫無比，但內心卻滿是仕途沉浮起落的傷感。外面世界烽煙四起，明爭暗鬥，大起大落，在這樣的紛擾中，他似乎也失去了方向。於是，站在不知進退的「水窮處」，他眼裡的長江彷彿也如他一般，已經悲傷地滯流……

第二段，到了〈鳥鳴澗〉時，王維的心已經多了幾分閒適的意趣。「人閒桂花落，夜靜春山空」，想必這時的他，內心的苦悶也還在隱約飄蕩，同樣是鬱鬱不得志的境遇，同樣是走到了沒有前路也沒有退路的「水窮處」。而這時的他，卻已沒有了悲傷的感嘆，坐在某個無意行至的山間路口，他的內心閒適到居然可以聽見枝頭桂花那撲簌簌落下的聲音，那聲音像是一首美妙的樂曲，在快樂的心間彈奏。

傍晚返家的途中，夜靜謐得像整個山都空了。試想，他的內心到底有多麼妙趣橫生，才會欣賞和沉醉在這樣的意境中哪！

到了第三段，便回到了我們要說的主題，這時的他，已經到了「行到水窮處，坐看雲起時」的境界。與其在山窮水盡時倉皇失措，不如乾脆坐下來，就地取樂，管他世事如何顛沛流離，管他外界如何風雲莫測，我只要此時此地，看此情此景的美好，就足矣。也許，等到心意開朗之時，自然是峰迴路轉之日。

由此及彼，我想到了李雪琴的故事。在《脫口秀大會》節目中，人們總能被李雪琴詼諧幽默的小段子逗樂，大家都以為她是一個天生的樂天派，但當人們真正走近她、了解她的時候才發現，其實她以前是一個內心特別「喪」的人。

李雪琴從小父母離異，在那之後，備受情感折磨的媽媽變得異常情緒化，經常無緣無故對李雪琴發脾氣，她不僅要忍，還要想方設法哄媽媽開心。每次心情不好的時候，她都會選擇躲在無人的角落獨自「舔舐傷口」。當同學們還在盡情享受無憂無慮的少年時光時，她卻終日沉浸在書本裡，目的就是為了有朝一日能出人頭地，不讓媽媽傷心。

但就是這種超乎常人的「懂事」，一點點壓垮了她的精神，後來她被診斷出憂鬱症。北大畢業後，李雪琴到美國讀研究所，國外的新環境並沒有使她的憂鬱症好轉，直到休學回國創業，她的憂鬱症依舊反反覆覆發作，有幾次情緒極度崩潰的時候，甚至還想到了自殺。

幸運的是，李雪琴遇到了喜劇，喜劇也從此成了她快樂的出口，她認為喜劇的內核是悲劇，在喜劇裡，她把痛苦揉碎編成了段子，為自己找到樂趣的同時也療癒了別人。

有一段時間，綜藝節目《五十公里桃花塢》在網路上引起了熱議，這檔綜藝是以「戲精」和「抓馬」（drama）的話題出現在觀眾面前的。但隨著節目的播出，人們的關注點不再是綜藝八卦，而是純真的友情、療癒人的溫暖，以及身邊的感人瞬間和對人生困境的釋懷。而導致這種畫風突變的主導者，就是李雪琴，在被她療癒的同時，很多人都相信，她是一個有著大智慧的樂觀主義者。

比如，在《五十公里桃花塢》裡有這樣一個情節：那天，她興致勃勃地跑去看日出，卻沒趕上，於是她乾脆躺在放逐島的石頭上，仰望著星空說：「行至水窮處，坐看雲起時。這麼美的星光，走了幾千年才閃耀在我們眼前，卻經常被我們自己製造的壞情緒遮擋了它的光芒，那是一件多麼遺憾的事情，所以，一定要讓這個宇宙最亮的星光，點亮我們的快樂，這才是最浪漫的事情。」

還有一次，在經過一條湍急的小河時，她不小心失足落入冰冷的河水中，人們見狀紛紛跳到河裡救她。被救上來的李雪琴並沒有半點不悅之情，而是坐在草地上，一邊哈哈大笑一邊擰著浸滿水的衣服，還不忘回頭和演員陳坤開玩笑：「坤哥，人在河邊走哪有不濕鞋的，但是我就是濕了鞋也照樣出淤泥而不染，所以我還是挺開心的。」

就這樣，李雪琴被這種「行到水窮，坐看雲起」的豁達療癒，人們也被她幽默的搞笑段子感染了。映襯著臺下的笑聲和掌聲，她潛藏在內心深處的憂傷，好像也都釋然了。於是，李雪琴在大家的眼中，不僅是北大學霸、脫口秀演員，更是生活的勵志學家，她曾經的晦暗心理也已經在快樂的感召下得以放逐。

再後來，李雪琴PO了一部影片，影片的主題是「幸福是啥」，她說自己去了一趟菜市場，忽然明白了幸福的真諦：「幸福就是簡簡單單的煙火氣，你如果憂鬱了，就上菜市場，讓大哥給你撈條魚。」

• • • • •

只是如今的我們，每當行至「水窮處」，總會抱怨世事無常，遇人不淑，眼前的一切彷彿都隨著自己的心情變得晦暗無比。哪裡感受得到「雲起霧散」的美妙，只會抱怨壞心情時連天公都不作美；哪裡還能聽到纖小的桂花飄落的聲音，哪怕一塊隕石從天而降，我們的心也沒有絲毫感受。

我們硬生生地把「就地取樂」這種天賜的美好情趣，掩埋在了被世事磨礪得面目全非的生活裡……同時也忘了，就地取樂之時，也正是韜光養晦、蓄勢待發之際。

她是我在某次工作合作中認識的女孩。我第一次見到她的時候，她端坐在沙發上，笑容燦爛，白皙臉龐泛著健康的光澤。在輕鬆愉悅的交談中，我被她率真瀟灑的氣質吸引，心想這樣一個女子，一定有著幸福平順的人生。

然而當她站起來的一瞬間，我驚呆了。她的右腿萎縮，歪歪斜斜勉強支撐著地面，唯一可以出力的左腿，在行走時因身體的重心不平衡而倒向左邊，右手還須托著軟弱無力的膝蓋，行走中的她，看上去像一座不停左搖右擺的掛鐘。

她看著我詫異的表情，若無其事地泰然一笑，彷彿在講述別人的故事一般，向我說起了她的經歷。

童年時的她是一個美麗可愛的小女孩，但意外卻在五歲那年突然而至，讓人措手不及。那天，放學後的她突然感覺沒來由地頭疼噁心，本以為是正常感冒，沒當回事。一個星期後卻開始發熱，全身肌肉酸痛，好幾天不見好轉。隨之而來的是肢體無力感加重，情急之下趕到醫院，卻被告知自己患上了小兒麻痺症。

那時的她還小，尚不知道這個病會對未來生活帶來多麼可怕的影響。她只知道自己身體關節的肌肉會不斷地受到侵蝕並發炎，發病時疼痛無比，行動極為不便。

十一歲那年，心智越來越成熟的她，面對自己已經變形的右腿，和走路異於常人的跛腳，內心一天天更加痛苦不安。再加上每天讓肢體疼痛到無法忍受的訓練，一度讓她萬念俱灰。

那天，躺在床上的她，望著窗外在陽光下追逐奔跑的同齡人，眼淚打濕了衣衫，她覺得自己真的已經走到了人生的「水窮處」，既沒有前路，也沒有退路，生活似乎已經失去了所有的樂趣……

直到十五歲那年，隔壁搬來了一個女孩，那一天陽光正好，女孩坐在陽臺的籐椅上，低頭編織著一個紫色的風鈴，女孩嘴角微揚的側臉，看上去靜謐安詳，手中風鈴在女孩的手指中碰撞出清脆聲響。她看著看著，心頭忽然生出一種前所未有的幸福感。

於是，興致大起的她，愛上了這種在製作手工藝品中體驗生活趣味的感覺。是的，與其在生活的「水窮處」天天對著窗外感嘆世事無常，不如乾脆就此做一些更有趣味的事情，否則，豈不是浪費了那麼多美好光陰嗎？

從此，她的窗前，成了一道最美的風景線：細雨微微的午後，她會和隔壁女孩一起坐在窗前，用藤條和粗布，編織一個花籃。手指穿梭間，是快樂在指尖縈繞。雨絲飄過時混合了泥土的味道，她在仰頭輕嗅間感知著自然的趣味。一滴雨打在臉上，濺起小小水花，她微笑拂去，內心滿是恬適。

春風吹拂楊柳的清晨，簡單洗漱後，她依然會坐在窗前，一根針，一絲線，幾件小配件，穿穿梭梭間，一件別緻的創意作品便誕生了。她不在意最後到底做成了什麼，她在意的是，那種在生活的陰影裡，依然有微風和陽光鑽進心裡的生活意趣。她喜歡看柳絮黏著蒲公英在風裡翻飛，她喜歡看一片葉子晃晃悠悠落在窗臺上，她喜歡看兩隻燕子在嘰嘰喳喳的鳴叫中纏綿……

她說，那時的她，每天臉上都會洋溢甜甜的笑，很多人都驚異於她在如此悲慘的境遇下，竟能有如此純澈的笑顏。她知道，是就地取樂的生活情致，改變了她的心境。

沒想到，她隨心而作的手工藝品，偶然中被一位民間藝術家發掘，經過一段時間的相互了解後，藝術家將她的作品帶到展覽會上，引來很多人欣賞和關注。一年後，她成了某文化公司的設計師，她的作品一經上市，便成了供不應求的藝術品……那一年，她殘缺成傷，萬念俱灰；那一年，她坐享意趣，心思澄澈；現在，她左手愛好，右手事業，人生一舉兩得。生活，有時神奇得讓人捉摸不透。

行到水窮處，日日悲嘆，不如日日歡欣；「就地抓狂」，不如「坐享意趣」；心念成殤，不如心思澄澈。

過去的回不來，未來的到不了，能夠抓住的只有現在，而現在除了有意義，還應該有意思。就算行到「水窮處」的陰溝，也不忘踩著雲朵販售樂趣。

那就在當下的生活裡，投入一些趣味吧，也許，當彼岸花開時，世事已是另一種美好的開始。

第4章

第一次無謂貧富，是在玻璃晴朗、橘子輝煌的尋常裡

熱愛可抵歲月漫長，清歡可渡人間薄涼

我們到底該去哪裡尋找世事喧囂深處的清歡呢？其實不需要走得太遠，甚至不需要做得太多，更不需要刻意的時間和場景，一個眞正懂得生活佳趣的人，走到哪裡，都能發現那些細微之處的美好。

我曾經在讀者群裡做過一項調查：面對世事繁雜，你最想走到哪句詩裡停泊？

於是，便有了這一句「人間有味是清歡」。

原來，很多人都是如此深愛著這句話。

是的，這是一個需要清歡來消融焦灼的世界。太多的世事牽絆，太重的生命負荷，太久的奔波忙碌，已經讓我們的心，堆滿了厚厚的塵垢。於是，我們才會如此渴望，能夠枕著至簡至趣的尋常清歡，酣睡在浮生若夢裡。

●●●●●

什麼是紛繁浮生裡的清歡？

最有發言權的當然是詩句的作者蘇軾了。

一向超凡脫俗的蘇軾，最能隨遇而安。這句隨遇而安對於東坡先生來說，可不是勵志口號、心靈雞湯，他是真的喜歡用這種意趣生輝的處世方式，來舒緩內心憂悶。比如，人生晚年被貶謫至海南儋州，那個時代放逐海南，是僅次於滿門抄斬的處罰，可見他當時是何等潦倒蕭瑟。

但聰明的蘇軾覺得既然命運如此安排，不如快意江湖。於是他左手美食，右手朋友，一聲狂笑，醉看浮生。

他在島上的朋友黎氏兄弟，看到他在絕境中依然風骨舒朗，把生活過得有滋有味，在清貧的粗茶淡飯中，也不忘豪邁吟詩，均對他佩服有加。

「清歡」，顧名思義，清雅恬適的歡暢，不是狂歡，更不是縱歡。「白茶清歡無別事」，清歡雖淡，卻如涓涓溪流一樣，可以沁入生活的每一個細枝末節。

蘇軾的「清歡」裡，沒有自我的放逐，沒有縱情的歡樂，也沒有無奈的感嘆。他告訴我們，清歡，是清簡有味，比如在他描寫美食的詩裡，「日啖荔枝三百顆，不辭長作嶺南人。」那個時代的海南沒有太多美食，他卻總能發現美味。

由於海南臨海，所以盛產生蠔，他喜歡將蠔肉放到漿水和酒中燉煮，果然是「食之甚美，未始有也。」在他眼裡，品味生活的小樂趣，和朋友們煮酒黃昏，即使吃著最簡單的野味，也能心滿意足。

他用穿越千年的清歡，告訴我們，生活不必煩瑣，簡約最合宜。生活總有瑣碎的煩惱，在複雜中尋找一個平衡點，化繁為簡，把不必要的負擔清零，以更透徹也更淡然的心境面對曾經的痛。

很多讀者問我，當今社會，面對必須完成的學業和工作，心靈的負擔在所難免，如果真的拋開一切，過歸隱的生活，也是很不現實的。那麼，我們到底該去哪裡尋找世事喧囂深處的清歡呢？

生性曠達灑脫的蘇東坡在歷經貶謫之際，曾經吟出了這樣一句氣貫山河的名句：「此心安處是吾鄉。」在蘇東坡顛沛流離的一生中，無論貶謫何處，他總能透過渾濁世事，看到人間的至味清歡，有時就算自己病中無藥可醫時，依然能笑著且幽默地對朋友說：「每念京師無數人喪生於醫師之手，予頗自慶幸。」這種安之若素的坦然，如一泓碧波，滌蕩了他純澈快樂的靈魂。

正如林語堂在《蘇東坡傳》中所寫到的這段話一樣：「蘇東坡已死，他的名字只是一段記憶，但是他留給我們的，是他那心靈的喜悅，是他那思想的快樂，這才是萬古不朽的。」

生活以痛吻我，我卻報之以歌，讀著他的故事，我們看到一個高潔的靈魂，跨越千年時光，正在向我們講述一個真理：好看的皮囊千篇一律，有趣的靈魂萬裡挑一。

●●●●●

我很喜歡清代文學家沈復的自傳體散文集《浮生六記》，這部散文集共分六卷，其中第一卷是〈閨房記樂〉，第二卷是〈閒情記趣〉，裡面多處記載了他與志趣相投妻子——陳芸的生活意趣。

比如：「余閒居，案頭瓶花不絕。芸曰：『子之插花能備風晴雨露，可謂精妙入神。』」那是怎樣妙趣橫生的夫妻生活日常啊。其實，也沒有什麼隆重盛大的儀式和禮物，只是每每閒居在家，他們總是會為桌上花瓶不斷地更換新鮮花束。

妻子陳芸對沈復說：「你的插花中總是充滿大自然的氣息和特質，這也為我們的生活平添了美妙入神的意境。」話裡話外，我們隔著百年的時光，都能嗅到空氣中那一抹淡淡的佳趣。

比如：「余憶童稚時，能張目對日，明察秋毫。見藐小微物，必細察其紋理。故時有物外之趣。」

沈復說：我總是會想起小時候那些幽靜的時光，當我坐在燦爛的陽光下，能睜大眼睛直視太陽，並且能夠用眼睛清楚地捕捉那些最細微的東西。越是微小，越是要縝密敏感地觀察其紋路。所以我總是會在觀察事物的時候，發現事物本身之外的很多樂趣。

這就是我想要回答讀者的問題，我們到底該去哪裡尋找世事喧囂深處的清歡呢？其實不需要走得太遠，甚至不需要做得太多，更不需要刻意的時間和場景，一個真正懂得生活佳趣的人，走到哪裡，都能發現那些細微之處的美好。

沈復的妻子陳芸，被林語堂先生盛讚為「中國文學史上最可愛的女人」，她可真是個連靈魂都能有趣到發光的妙女子。

她喜歡吃臭豆腐乳，每當快意咀嚼之時，總會爽朗地笑著說：「只要我喜歡，不管它多臭，我都要盡興地大快朵頤。」每當看到這裡時，我都會笑著想：這哪裡是個小女子，明明就是一個豪爽的男子嘛。

她也恰是這般溫柔智慧又心思通透的女人。作為妻子，她不光善於料理家務，還能把最尋常的日子過得詩情畫意，這種風雅趣味也是他們簡單生活裡最好的調劑品。某次，沈復因故搬出雅致的住所，去一個偏遠地方租房而住。那個年代的兩個人，卻已懂得「房子是租來的，生活卻不是租來的」的道理，硬是把清苦的日子過得極有滋味。

這不，芸娘在那小小的院落裡，開闢出一畝三分地，那裡種滿了各式菜蔬。她總會在某個炊煙升起的黃昏，於落日餘暉下，將自己的身影掩映在綠意濃郁的菜地裡。她摘菜，他澆水；她回頭，他轉身，目光交會，相視而笑。這至簡至趣的清歡，是他們最美的時光。

她真是個內外兼修的風雅女子，女紅也手到擒來，紡紗織布，縫衣裁剪。最有趣的是，她總是會根據沈復和自己的心情，不斷用自幼便習得的蘇繡技巧，為衣裳刺上一些風雅精緻又趣味橫生的圖案。

於是在這個小院子裡，一生一世一雙人，一瓢飲在陋巷，不用天涯海角，也可以享盡人間趣味。閒時，他們或對鏡貼花黃，或對飲成雙人，平淡的日子因為絲絲縷縷的清歡而不亦快哉。芸娘如很多文人雅士一樣，喜歡種菊，於是每到中秋節月圓夜，他們便會邀請親朋圍坐，賞菊吃蟹，對月當歌。

心有意趣的兩個人，既為夫妻，也可為友。聰慧博學的芸娘，會與沈復品讀詩文、撫琴作畫。她還會突發奇想，女扮男裝，和沈復一起瀟灑同遊，引得路人紛紛側目。

芸娘是一個內心純澈的人，所以她總是能發現生活的妙趣。

那一日，夏夜星空如水，螢火蟲飛過湖畔，伴著幾聲此起彼伏的蟬鳴，她徜徉於荷花叢中，將一小包茶葉，埋在荷花花蕊中。第二日天初亮時取出，以此泡茶，荷香便隨著茶香嫋嫋升騰，沈復端起這杯茶，還未掀開茶蓋，已是香味縈繞鼻尖。他回頭看向芸娘，兩人相視而笑。

如此這般至簡至趣的清歡，就算身在陋巷，就算清茶淡飯，也一樣可以在浮生若夢裡，逍遙自在。

只要心有意趣，在任何地方都可以逍遙成詩。

想必人生坎坷但心性始終豁達的東坡先生，在寫下那句「人間有味是清歡」時，內心升騰而起的，也是那一抹「一蓑煙雨任平生」的豁朗意趣吧。

就像沈復，他坐在燦爛的陽光下憶起童年的閒趣時光是清歡，他閒居在家與妻子對望插花也是清歡，甚至嗅荷消得潑茶香，亦是清歡。

那麼，就讓我們枕著至簡至趣的尋常清歡，酣睡在浮生若夢裡吧。

那一瞬間的不亦快哉，是暈染了生活的油彩

這些「不亦快哉」，常常是瞬間捕捉到的。那種快意的趣味，就像一束光照進喧鬧浮躁的心裡，又像是一滴落入水裡的油彩，急劇地擴散，把生活的基調暈染成歡快的彩色。

很多讀者問我：「世界這麼大，我們這麼忙，該去哪裡尋找生活的趣味？又該在什麼樣的時間營造生活的趣味？」

趣味的發生，和兩件事有關：一是心境，二是發現。

所謂心境，便是「趣味」賴以生存的淨土，就像是花草若想安穩扎根，就需要水源充沛的土壤一樣，這裡一定是鬆軟而豐厚，也一定是遼遠和曠達的。

這裡可以容得下萬物的流轉，也可以托得住世事的變幻。縱使外界嘈雜聲此起彼伏，在這樣的心境裡，也依然可以梳理所有凌亂，清空所有是非，為心騰出足夠整齊乾淨的空間，讓趣味的駐紮找到安放據點。

所謂發現，便是由通透的心境衍生出來的一種「捕捉能力」，就像是一部好的攝影機，可以在瞬間捕捉最精采的鏡頭。而這種發現的能力，也和兩件事有關，一是精神和靈魂的修為與境界，二是習慣的培養。

蘇軾說，此心安處是吾鄉，這顆心安定的地方就是我的故鄉，這就是修為帶來的境界，所以蘇軾無論身在何處，總能發現身在故鄉的閒情逸致。

但我們畢竟不可能人人都有蘇軾的修為，所以，忙碌中深感生活乏味的我們，要做的便是培養一種捕捉發現生活趣味的能力。

說到不亦快哉，不得不提到一個人——金聖歎。

他是清代著名才子，心懷意趣的他，即便身在亂世依然達觀，身在鬧市也依然清醒。他也是中國歷史中最有個性的奇才，於是後人如此說：「人生緣何不快活，只因未讀金聖歎。」

我記得第一次讀金聖歎的文章，看到他寫的那三十三個「不亦快哉」時，只覺酣暢淋漓，似乎一瞬間便頓悟，原來生活的趣味，並不遙遠，就在眼前的細微之處，只要願意發現、用心捕捉，便隨處可見、觸手可及。

比如：「十年別友，抵暮忽至，不亦快哉！」十年未見的老友，在黃昏時忽然來到。開門後匆匆作了一揖，並不問是坐船來還是騎馬來，也不招呼他坐下，而是奔到夫人的房間問她：「妳可像東坡婦一樣備了好酒？」夫人一笑，拔下頭上的金釵，以作酒錢。他想著這樣可以痛快地喝上三天三夜，便覺得快樂不已。

比如：「推紙窗放蜂出去，不亦快哉！」那個夏日的午後，正在依窗酣睡，這時一隻蜜蜂穿窗而入，擾了清夢，於是跳起來推開紙窗放其出去。看著飛在花叢中的蜜蜂，心底便升起一絲快意。想想，若是現在的我們，睡意正濃，被蜜蜂吵醒，一定會氣呼呼地站起來，滿嘴抱怨地將牠轟出去吧。

比如：「看人風箏斷，不亦快哉！」春日黃昏，站在橋邊仰頭看風箏在天上飛，忽然那只最高的風箏掛在樹上，被樹枝扯斷。看著風箏晃晃悠悠從天而落，而放風箏的人慌亂中左拉右扯地拽著空蕩蕩的線，像無頭蒼蠅般小碎步地亂跑，那滑稽的樣子，逗得看到的人捂著肚子笑出了眼淚。這真是一件極有趣的事了。

再比如：「冬夜飲酒，轉復寒甚，推窗試看，雪大如手，已積三四寸矣，不亦快哉！」那是一個漫天飛雪的冬夜，夜涼如水。此刻最幸福的事情便是在溫暖如春的家裡，溫一壺酒，伴著屋外的寒星飲下，頓覺渾身溫熱。這時，用不再寒冷的手，推開窗戶，看著滿地積雪，已是幾寸厚，遂如頑童般跑到屋外，在雪地裡手舞足蹈地蹦跳。

這是怎樣的情懷，讓簡單的生活，變得意趣無限。

隨著金聖歎翻手為趣，覆手為味的指引，我們就可以回到自己生活的時代，體會和發現屬於自己的閒情逸趣。

最近在網路上看到一段直播影片，講述的是一個大學考試落榜生失意逆襲的故事。女孩是一名品學兼優的高中生，是萬眾矚目的學霸，然而一次大學考試落榜，徹底摧毀了她的名校夢，也摧毀了她全部的信心和驕傲。無數個情緒壓抑的日日夜夜，將她一步步推向痛苦的深淵，她甚至想到了自殺這種極端的宣洩方式。

可是漸漸地，她開始明白，晦暗心情只會讓生活的烏雲越積越厚，只有以「自癒」的洪荒之力發掘生活「不亦快哉」之處，才是最好的逆襲。

於是，她以直播方式帶著粉絲們開啟了一段又一段發現自我的路程。影片裡，她走在旅行路上，烈日當空，汗流浹背，穿梭在擁擠不堪的人群，連睜眼的力氣都沒有，甚至覺得眼前的景色都索然無味，身旁的人群擁擠不堪。

被擠到樹蔭下的她，忽然看到兩隻公雞在似火驕陽下追逐打鬥，滿身豎起的羽毛威風凜凜地閃耀霸氣光澤，撲扇的翅膀帶起滿地塵土。看著看著，她便捂住肚子咧嘴大笑，旅途的疲憊一掃而空，那爽朗的感覺，不亦快哉！

在山間公路騎行，道路高高低低、蜿蜒曲折。上坡時，她費盡全身力氣之餘，正覺心慌腿軟之際，前面是一段下坡路，於是忽然又有了神清氣爽之感，一路狂叫著向下滑行，還不時張開一隻手臂，感覺自己浪漫得像《鐵達尼號》裡的女主角，腋下生風，秀髮翻飛。那種迎風飛揚的情趣，不亦快哉！

有一部影片，很日常卻很溫馨。那天她找工作回到家，身心俱疲之際，忽然看到屋外飄起了雨絲，最初只是絲絲縷縷輕輕飄揚，很快便成了傾盆大雨，窗前滂沱成泛著霧氣的雨幕，涼氣夾雜雨水混著的泥土味道一擁而入。她忽然感覺剛才的疲憊似乎早已被雨水沖刷得蕩然無存，於是，她光腳尖叫著衝到陽臺，聚攏手心，任雨水打在手上，又濺到臉頰，她大笑著回頭，家人亦邊收衣服邊和她一起大笑起來。幸福感蔓延的時刻，真的是不亦快哉。

有時，她還會約上三五好友，圍坐在火鍋旁，看熱氣騰騰，熱湯滾滾，嬉鬧著將各種食材置入鍋中，再飲上一口濃烈美酒，一邊喊辣又一邊大呼過癮。滿臉紅光伴隨滿頭汗水，真的是不亦快哉！

那一次的旅行影片，背景是一片黃燦燦的油菜花，她坐在陌上花開的田間，彈著吉他，清唱起古老的民謠，她微紅的笑臉與那一片生機勃勃的金黃色交相輝映，彷彿清晨時天邊瀰漫的緋紅色朝霞，美好得讓人覺得，這就是平凡生活裡最愜意的詩和遠方。這份舒展自由的心境，不亦快哉！

黃昏窗前，她摟著媽媽的肩膀相擁而立，看朝霞暈染了旖旎的遠山，看大雁雙雙隱入雲端，看月滿西樓風過無痕的空寂清幽……無須跋山涉水，也能在彼此依偎的愛意悠長裡，看過千山萬水，這份雅趣，不亦快哉！

影片裡的她，也會在秋日暖午時，駕車載父母親人漫無目的地遊覽，看窗外景隨車動，所有生活煩惱似乎都被窗外疾馳而過的風帶走了。目睹長河交匯，又看陌上花開，那種暖暖行過的舒朗，真的是不亦快哉……

這些「不亦快哉」，常常是瞬間捕捉到的。那種快意的趣味，就像一束光照進喧鬧浮躁的心裡，又像一滴落入水裡的油彩，急劇地擴散，把生活基調暈染成歡快的彩色。在那一瞬間，心好像可以變得遼遠而又溫柔，看得見世界本真，讀得懂萬物變化，也可以收納世事的流轉不定。

它持續的時間很短，卻像一簇絢爛的煙花，不停地告訴我們：「嘿，這個世界有時也許很糟糕，但心有意趣，便可以繼續美美地活著。」

正如在金聖歎的「不亦快哉」裡，我們看見的是心靈舞動和靈魂豁朗，它既不張揚，也不偏激，它靈光一閃，便讓生活的濁氣消融而逝。它在平凡中閃現，也在平凡中醞釀出對美好的敏感。

帶著這份不亦快哉，走過人間，不壓抑不刻意，哭泣時淚流滿面，喜悅時笑傲江湖。無論世事如何變遷，一聲乾脆俐落的「不亦快哉」，如顆顆珍珠落入玉盤，那清脆的聲響，敲開了困頓中沉滯的心扉，攜著那一抹悠然的快意色彩，繼續一段輕盈的旅程。生活很苦，但是那一瞬間的不亦快哉，卻很甜很甜……

在雞零狗碎的生活裡，用天真爛漫拼起一些小確幸

我們喪失的就是這份天眞爛漫如孩童的心境。對自己的目標用力過度，硬生生地把執著變成了執念，於是身心就越來越了然無趣。倒不如放開緊繃的意念，由它停停走走，也許就會如蘇軾那樣，回首向來蕭瑟處，也無風雨也無晴。

有人說，天真爛漫是屬於孩童的天性，繁雜忙碌下的身心，何來天真？何談爛漫？彷彿生活就該是循規蹈矩、一成不變的模樣。在生活和工作的兩點一線之間，回到辦公室，回到家裡，看著每天需要完成的任務，看著每一段追逐不休的目標，看著熙來攘往的名利欲，看著沒有盡頭的煩惱，看著身邊越來越好的別人和越來越跟不上步伐的自己，看著各種房貸車貸，看著孩子不理想的成績，看著家庭矛盾日益激化，看著身邊

的親人各種需要解決的問題……這些雞零狗碎的日常，讓我們身心俱疲。

生活就像是一個在煩惱中不斷旋轉的旋渦，我們身不由己地被攪在其中，任憑頭暈目眩，也還是要咬牙扛著，似乎不扛起一片天，自己的世界就會徹底坍塌。

我們都是這樣一路走來的不是嗎？所以，這樣的我們，哪裡還有資格談天真爛漫，那不是這個時代該有的奢侈品。

其實，俗世中的天真意趣，真的不是那麼遙不可及，它就在平日生活的尋常巷陌裡，你可以跟著我，走進那些有趣的世界裡，去尋找那一簇簇消解倦意的天真爛漫。

還是想說說我喜歡的蘇東坡，他做人的妙處就是「天真爛漫」這四個字。正是因為有了天真爛漫的意趣心性，蘇東坡才會在無數個人生劫難中，笑看平生浮雲過。

我們都知道，蘇軾曾因烏臺詩案被貶黃州。那天，他與朋友出去遊玩，眼看身邊的朋友們皆因仕途坎坷而面色凝重，於是蘇軾提議比試「挾彈擊江水」。

這種遊戲，就像我們現在的打水漂，用巧妙手法將石子扔到江水裡，看誰打起的水花多，看誰的跳得遠。於是在蘇軾的提議下，大家拿一小塊小瓦片或者石頭，貼著水面扔出，看石子一跳一跳地漂過去，激起一串串浪花，笑聲也隨著浪花蕩漾開來……

穿越千年，我們似乎看到了一個華髮早生的中年男子，在仕途屢受挫折的境遇下，還能如孩子般玩起這種充滿童趣的遊戲，的確可愛。對別人而言，被貶是一種無上的痛苦，是最絕望的事情，但蘇軾卻在這份天真爛漫裡，把日子過得風生水起。

關於蘇軾創作的〈攓雲篇〉這首詩，有一個特別有趣的故事：某次，蘇軾外出遊玩途中，發現原本湛藍的天空忽然出現了片片白雲，像奔騰的群馬在空中湧動，那一刻，他覺得雲朵離他彷彿近在咫尺，彷彿可以鑽進自己的衣服中，並在身體的每一處肌膚之間亂竄。於是，蘇軾將白雲揮手收入囊中，帶回家，再將白雲一朵朵放出來，看它們在空中變化婀娜的身姿，縹緲而去。

這些白雲被蘇軾的童趣賦予了鮮活生命，山中一遊，便將白雲如朋友般邀請回家，一起玩耍一番，又放回山中去了。像這樣天真爛漫如孩子一樣的人，無論被生活如何摧殘，都澆不滅他靈魂中的閒情逸致。就算是路邊一根廢棄的木頭，他都能撿起來將其雕成可愛的木雕，讓生活變得熠熠生輝。

今天的我們，內心的不快樂越來越多，和蘇軾相比，所喪失的就是這份天真爛漫如孩童的心境。對目標用力過度，硬生生把執著變成執念，於是身心就越來越了然無趣。倒不如放開緊繃的意念，由它停停走走，也許就會如蘇軾那樣，回首向來蕭瑟處，也無風雨也無晴。**尋常生活的尋常巷陌裡，總有一些天真爛漫，可以消解生活的倦意。**

他是我的大學同學，那時，他和初戀女友的校園戀情讓人豔羨不已。畢業後，兩人順理成章地步入婚姻殿堂。他的妻子，是一個有著爛漫情趣的女人。

他說，妻子長得小巧玲瓏，一張娃娃臉，笑起來很甜。自從和她在一起後，生活裡便有了無數個可以編織成夢的趣事。在他眼裡，她不僅僅是妻子，同樣是知己，是朋友，也是玩伴，她的天真爛漫、童稚可愛，是尋常生活裡最美的錦上添花。

他說，她是個慧中秀外的女子，思維敏捷，聰明活潑，對任何事物都充滿了好奇心。就連散步這件夫妻間最平常的事情，她都渾身是戲。

她總是走在前面，不停地指著目光所及之物，嘰嘰喳喳地倒著走向跟在後面的他，講述她知道的奇人異事。某次，她在倒走時不小心摔了一跤，隨即像個孩子般天真地笑出聲，從地上跳起來，手裡還抓著一把順手拔下來的狗尾巴草，機智地說：「其實，我只是想送你花而已。」他聽後，被她的風趣感染，仰頭哈哈大笑……

他說，在她有趣的靈魂裡，他們的生活，時而色彩斑斕，時而清麗淡雅。她愛陽光、月色、繁星、雲朵、雨露乃至整個大自然。週末時她從不像別人那樣拉著他去逛百貨公司，也不會喋喋不休抱怨工作的煩惱，而是會選擇一處郊外的山上或江邊，和他靜靜依偎在一起，看細水長流。

她愛好廣泛，周旋於柴米油鹽，但也精通琴棋書畫。為了投其所好，他也學起了畫畫，練起了書法，還學會了跳倫巴舞。很多時候，都是她作畫他題字，舉案齊眉，佳人在側，枯燥的生活也變得意趣無限。

他說，她孩子般的天真讓他欲罷不能。某次，郊外遊玩，她教他捉蝴蝶，可惜他總是捉不到。於是，她帶他來到一個洞口，神祕地說，如果把帽子放在洞口，便可以兜住很多蝴蝶，這樣就可以輕而易舉地捉到了。她把那個洞口指給他看後，便溜走了。

他信以為真，連忙走過去把帽子扣在洞口，雙手緊緊按住。聽到帽子下面傳來「嗡嗡」的聲音，他竊喜不已，心想，只要緊緊按住，就可以捉到所有蝴蝶了。

片刻後，他拿開帽子時，一群蜜蜂飛出來。他明白這是她的惡作劇，手忙腳亂地向四周亂撲亂打。她看到他的窘態後，笑得前仰後合，衝過來拉著他的手便跑。他用哭笑不得的眼神看著她，和她一起在風中狂喊、奔跑著，一群蜜蜂被甩在身後……這幅生活畫面，讓他覺得所有的倦意在那一刻已經煙消雲散了。

他說，她有一雙靈巧能幹的手，做起事來有條不紊。每當他下班後，她都會把他推到飯桌前，指著自己做好的一桌美食，嘟著嘴嚷嚷著好餓好餓，你趕緊陪我吃飯……她最大的缺點是丟三落四，經常出門時忘記帶各種東西，每當他佯裝責怪她時，她從不生氣，而是像個孩子一樣笑呵呵地說，自己這麼笨，沒有他可怎麼活？

更令人生氣的是，她常常和孩子搶東西，爭玩具，每每看到她和孩子扭打在一起，他便幸福地感嘆道：真是兩個孩子。這時她會把嘴裡吃剩的棒棒糖塞到他的嘴裡，他便笑而不語了……

說起這些和妻子的生活趣事時，我分明看到他的臉上，時不時泛起的幸福笑意。他說，妻子身上最大的魅力就在於：她能在尋常生活的尋常巷陌裡，帶著消解倦意的天真爛漫去經營每一天……

●●●●●

我想起了《小王子》裡的一句話：「我們每個人曾經都是孩子，只是生活裡的瑣碎讓我們忘卻了童真爛漫。」

如果你有孩子一般的純真，當你愛上了某個星球的一朵花，那麼，只要在夜晚仰望星空，就會覺得漫天繁星就像一朵朵盛開的花……

生活的初味，本來就是這樣的天馬行空，單純天真的心、童真爛漫的快樂，可以讓所有被瑣碎生活攪亂的身心，在如孩童般的想像力中凌空而起，穿越生命的荒蕪和蒼涼，帶著那一點點可愛的意趣、那一抹詼諧的閒情，飛翔在閃爍光芒的生活間隙裡。

原來，我們都渴望在世事喧囂的餘音下，於尋常生活的尋常拼圖裡，用天真爛漫拼起倦意下的缺失……

這路遙馬急的人間，需要別出心裁的煙火趣事

有趣是一種無形的力量，它存在於柴米油鹽中，它不脫離柴米油鹽，又超越柴米油鹽之上。它是一個人的能力，一個把生活過得生機盎然的能力。

一個在婚姻裡失意的讀者跟我說過一句話：「風花雪月，敵不過柴米油鹽。」我聽後感觸頗深。細想的確如此，再美麗的世事，一旦遇到生活的瑣碎，頓時會在柴米油鹽的百味雜陳裡，被薰染得失了最初的純澈。

生活的趣味，也隨著那一股股升騰而起的油煙味，被染上片片斑駁模糊的痕跡。於是，我們便再也沒有了情致，去觸摸身邊那些其實從未走遠的美好。

當我說起這個話題時，讀者群裡沸騰如海。大家紛紛各抒己見，但是心聲都是一致

的：誰都喜歡閒情雅致的生活，可是在現實中柴米油鹽的海洋裡翻滾久了，品讀生活佳味的興致已經被消磨殆盡，現在看來，活得有趣，絕對是一種奢侈品。

《菜根譚》裡說：「閒時要有吃緊的心思，忙處要有悠閒的趣味。」這是前人給我們的最好答案。人在清閒的時候，別忘記自己應該做的事情，要有危機感和緊迫感。但更重要的是，當你真正為了生活忙起來的時候，要給自己一份輕盈閒適的意趣，以平衡生活的負擔，這樣才會走得更加風生水起。

沒錯，生活很苦，但你要甜，更要甜得有味。

●●●●●

明朝有個女子，是個專一的人，與丈夫恩愛數年，唯願「願得一心人，白首不相離」。本以為愛情可以在尋常日子裡，一直美好如初。可是，風花雪月，敵不過柴米油鹽，丈夫厭倦了瑣碎生活裡的平凡麻木，於是決定納妾。

在那個時代，礙於女子的三從四德，她儘管對丈夫納妾不滿，但又不好明說，於是便寫了一首隱字詩，婉轉地向丈夫表明自己的心意。詩云：

恭喜郎君又有她，儂今洗手不理家。
開門諸事都交付，柴米油鹽醬與茶。

詩中，她違心地恭喜丈夫另結新歡，聲稱自己將卸下女主人角色。開門本來七件事，柴米油鹽醬醋茶，可是這位妻子卻機智過人，幽默詼諧，她只交付六件，隱去「醋」，故意把這種酸楚的醋意省去不說。這種看似雲淡風輕、毫不在意的態度，巧妙地掩飾了她內心的慌亂，看上去著實有趣可愛，反倒比大哭大鬧，更能恰如其分地表達出她的感受。這個女子實在是高人。

丈夫看到這首隱含著無限眷戀之情，又不直抒胸臆的幽默詩句，立刻回心轉意，回到妻子身邊。試想，有這樣心有意趣的女子陪伴身邊，生活怎麼會索然無味？

透過這個小小的故事，我想說的是，越是身心緊迫，越要表現出內心不亂的悠然情致，這種臨危不懼的心態，才是最高明的生活哲學。

有趣是一種無形力量，它存在於柴米油鹽中，它不脫離柴米油鹽，又超越柴米油鹽之上。它是一個人的能力，一個把生活過得生機盎然的能力。孔子曾經評論他的學生顏回：「一簞食，一瓢飲，在陋巷，人不堪其憂，回也不改其樂。」

能在最尋常的福氣中，找到最簡約的樂趣，顏回一定是一個幸福的人。

張愛玲評價唐明皇和楊貴妃的愛情時說：「唐明皇愛楊貴妃什麼？不是美貌，而是熱鬧。」楊玉環的可愛在於，她雖貴為貴妃，但卻能把最平凡生活過得最不平常。她不完美，可是卻從不故作清高；她撒潑任性，好吃好喝，但絲毫不影響皇帝對她的愛。

入宮後，某次茶餘飯後閒來無事，她和皇上吵嘴被趕回娘家，聰明有趣的楊玉環，細思之後，不急不躁，不哭不鬧，而是剪了一縷自己的青絲託人帶回，那時髮絲是男女寄託相思之物，皇上睹物思人，於是迫不及待將她接回。

這才是柴米油鹽的生活中，小倆口過日子拌嘴吵架的日常，床頭打架床尾和，情感自然會歷久彌新。看過太多三宮六院的美人低眉順眼、溜鬚拍馬的樣子，貴妃嬌憨可愛的性情更像一股清流，讓皇上覺得新鮮有趣。

楊玉環的有趣，還在於她毫不掩飾地喜歡美食，而且尤其喜歡甜食，為此，皇帝專門安排了宮廷御廚，為貴妃製作甜點，供她品嘗。她對荔枝的喜愛盡人皆知，於是，便有了「一騎紅塵妃子笑，無人知是荔枝來」。除了吃，她還是一個愛酒之人，經常酒後憨態百出，逗得皇帝忍俊不禁。

這彷彿是如今「鑽石男遇上野蠻女友」的橋段，在波瀾不驚、單調無趣的死水裡，突然間投進一枚別出心裁的石子，於是樂趣無窮間，生活也變得新奇無比。

美麗的皮囊千篇一律，有趣的靈魂萬裡挑一。最讓皇帝著迷的還是楊貴妃靈魂深處那有趣的思想：她琴棋書畫樣樣精通，可以溫婉地撫琴彈奏；她也擅長騎射，可以瀟灑地策馬揚鞭。

而皇帝也是有著同樣愛好的人，因思想上的共鳴，精神上的共通，靈魂便有了最深刻的對話。看過他們兩人合作的霓裳羽衣曲，就會明白，什麼是真正的靈魂伴侶。

後宮好看的皮囊很多，有趣的靈魂卻不多，誰的一生不是柴米油鹽，皇帝也不例外，而能在其中醞釀出悠然生趣的人，便是生活的王者，這就是李隆基對楊玉環癡戀的關鍵原因。

有讀者問作家蔡瀾，女人最珍貴的特質是什麼，蔡瀾回答得很簡單：有趣調皮。

蔡瀾說：「我認為，女人身上有三樣品質，即美貌、氣韻、魅力。美貌是皮，看得見，但看久了卻會膩；氣韻是骨，摸得到，但是骨太硬便會不接地氣；而魅力是靈，有趣調皮的特質，便是靈動自然的力量。」

這樣的人就算沒有美貌與氣韻，也一樣可以在不拘一格的幽默感中，把平凡生活過得趣味無窮，和這樣的人在一起，舒坦，不累。就像我們曾講述過的《浮生六記》裡沈復的妻子芸娘，這樣一個可愛又有趣的女子，就算生活再平淡無奇，她也一樣可以用閒閒而過的從容和赤子般的天真，為生活鍍上一層瑰麗色彩。

這也不禁讓我想起一個朋友，她的婚姻很幸福，她也是一個總能在柴米油鹽間隙裡發現生活佳味的女人。

一次與其閒談，聊起她與老公的生活趣事。她說：以前每次吃完晚飯後，他們除了做家務，就是處理第二天的工作，一度把日子過得緊張而蕭索。好在高情商的她，懂得如何調劑乏味的生活。

有一段時間，她把家裡的書房改造成了遊樂場，裡面設計了他們戀愛時曾經去過的地方場景，擺滿了他們戀愛時買的各種物品，並將其取名為「青春時光」。每到晚飯後，她便和老公牽著手在裡面回味曾經的美好，她有時還會調皮地和老公玩捉迷藏，她藏在某個角落，興奮地喊著：「快來找我呀，我在這裡……」

每年假期處理完工作後，她都會拉著老公說：「陪老娘旅遊，不然老娘豔遇去！」老公看她嬌憨可愛的樣子，再加上幽默氣烘托，絕對是百依百順，言聽計從。

她家住在頂樓，某次站在陽臺上看飛機，一陣風吹過，她新買的那頂價值不菲的帽子被風吹跑。於是，她突發奇想，將房子的屋頂改成玻璃頂窗，以便看飛機。老公已然習慣了她不按規則出牌的個性，自然是默許的。不久後，玻璃屋頂建成，他們便經常躺在床上，手牽著手，看飛機飛過，看繁星滿天……

在平凡瑣碎的生活中，總有一些靈光乍現的瞬間，等著我們去採擷。**懂得發現和製**

造生活趣事，把單調枯燥的柴米油鹽過成一片繁花似錦，這就是最好的生活注腳，這就是最好的歲月無恙。就算現實中依舊有繁雜、有忙碌、有爭吵、有痛苦，但是，因為有了有趣的靈魂，生活便也有了令人期待的佳味。

也正如文中一開始提到的：風花雪月，敵不過柴米油鹽。這個世界上不可能沒有柴米油鹽，而對生活熠熠生輝的熱愛，卻能讓瑣碎的日子變得不再腐朽，於是，理想中的風花雪月，便在有趣的靈魂裡凝成了永恆……

當一個人有趣時，全世界都會愛他。

第5章

在機會斷裂的顛簸裡，抖落一鳴驚人的精緻和滾燙

世事落差的驚慌失措後，樂趣的切換是另闢蹊徑

驟然從高處落到低處，這種失意感在所難免。但是就算掩面悲泣，也換不來歲月的憐憫。更何況，就像張愛玲說的，「你笑，世界都會跟著你笑；你哭，卻只能是暗自神傷。」所以倒不如拋開世事沉浮，找一些緩解壓力的樂趣。

世事總在不經意間沉浮起落，完全不在我們的掌控之內。

於是，人世間便有了無可奈何的世事無常。我們每個人都身在其中，無一倖免。唯一不同的是，人們在面對浮世顛沛時，兩種心境下會發生兩種結果：一種是悲悲戚戚，默然接受；一種是對飲時光，另闢蹊徑。

生活就是這樣，給你晴天歷歷，也不忘給你落木蕭蕭。晴天與落木之間的落差，是

世間所有悲傷的引子。但是既然有落差，也會有橋梁，落差會讓我們沉淪，橋梁卻能讓我們從陰霾重重走向晴天朗朗。

而這個引申為橋梁的通道，就是樂趣。

世事沉浮起落間，我們完全可以在樂趣的休養裡，另闢蹊徑。

我的一位遠親，頗有經商頭腦，高情商加高智商，一度讓他商海得意。只是世事無常，十年河東十年河西，誰都不知道明天會發生什麼，就算一個人再叱吒風雲，也抵不過命運的擺布。

十年後，他的商業帝國宣告破產。習慣了奢華富貴的一家人，被迫從錦衣玉食的生活倒退到陋巷故居。

所有的傷害，都是從對比中產生的，一朝天堂，一夜地獄。那是怎樣的一間房子啊，不但斷牆殘垣、頹敗陳舊、蛛絲網結，而且四壁連一扇窗戶都沒有。

陰暗的環境、沉悶的氣氛與壓抑的心情，困擾著一家人。

但他從未因為悲傷而停滯快樂的腳步。他說：「起初也有過心理落差，畢竟驟然從高處落到低處，這種失意感在所難免。但是就算掩面悲泣，也換不來歲月的憐憫。更何況，就像張愛玲說的，『你笑，世界都會跟著你笑；你哭，卻只能是暗自神傷。』所以倒不如拋開世事沉浮，找一些緩解壓力的樂趣，讓這種樂趣成為一條通道，也許就可以邁過這個坎，重新回到晴天之下。」

每一個生命階段，都是上天最好的安排，一切都是新的開始。

於是，從那天開始，他便養成了一個習慣：每天拿出一張白紙，貼在牆上，信手在上面畫一扇大大的窗戶。

他還會帶著家人，在窗戶上畫出自己最希望看到的事物。有時，他們會畫上一輪燦爛的太陽，彷彿幽暗的生活裡頓時照進了明媚陽光；有時，他們會畫上幾棵碧綠又鬱鬱蔥蔥的大樹，彷彿單調世界裡突然長出枝繁葉茂的希望；有時，他們會畫上一架飛速旋轉的風車，彷彿沉寂如死水的日子裡瞬間便有了幸福飛旋的快意……

畫著畫著，一家人的生活裡便有了歡聲笑語，陰暗的小屋裡，頓顯生機勃勃。

多年後，本是學室內設計的他，成了當地的知名設計師。他設計的房間裡，都具備了陽光照進窗戶的元素，這樣的元素，也深受客戶的喜愛。

他說，後來的成功靈感，皆來源於那些年，在失意中填補了歲月蒼白的小小樂趣。

由此我想到了李清照的一生。曠世才女，一生注定起落不定。但是這個心似蓮花的女子，因為內心世界的豐盈，所以總能在風雨飄搖的人生裡，帶著那一份安閒自得的雅趣，與時光對飲。

就像蘇軾詞裡說的：「世事一場大夢，人生幾度秋涼。」

李清照與趙明誠的生活，本是人人羨慕的才子佳人，豪門絕配。可是再美好的人生都敵不過世事無常，有些時候，走著走著，靜好的歲月裡便烽煙四起，讓人措手不及。這也是很多人不快樂的真正原因。

就像現在的我們，無數次的努力和追逐後，所有的希望瞬間化為泡影，彷彿人生從此再也沒有可以依託的地方，眼前所有機會似乎都已經斷裂，再也沒有可以銜接的可能。而越來越不甘心的執念，會在每一個痛苦的日子，將所有的不幸放大，也將所有的快樂吞噬。

這是我們都曾遇到過的人生難題。

李清照也一樣，那些年，在短短五年的時間裡，她經歷了人生的顛沛起伏。起初，父親因為黨派之爭被罷官，身為女兒的她自然也受牽連。後來本以為時過境遷，日子便可以重新回到最初的安穩模樣。可不料公公趙挺之也因黨爭被罷黜後憂鬱離世，丈夫趙明誠被貶為庶民。

就這樣，李清照的生活又被推向深淵。

內心的蕭條總是會有的，誰都不是聖人。可是冰雪聰明的她知道，悲傷只會讓處境更落魄，唯有讓世事浮沉皆不掛心。心不亂，事就不亂；事不亂，出路便清晰。

她豐富的內心世界，看到的是更廣闊的天地。

於是，夫妻二人經過協商，打算回到青州老家，過休養生息的日子。既然知道世事無常，那又何必抵死執著。不如回到山水草木間，遠離世事牽絆，看細水長流。

沒有了苦心孤詣、機關算盡，他們在青州的日子過得趣味無限。

於是，李清照有了「易安居士」的雅號；於是，他們生活裡便有了清風明月般的無限生趣。

那時，他們會泛舟湖上，看一簾月、幾朵雲，看落霞孤鶩，她還會即興翩翩起舞，正當他看到盡興時，她彎腰撩起水花潑到他臉上，他也撩起水潑向她，兩人笑著、叫著，驚起一灘鷗鷺。

他們也會到山間看春柳草青，看湖上風來波浩渺。他們走在水邊，水打濕了鞋子。趙明誠脫下鞋，像個孩子一樣踩著水花。李清照看在眼裡，著實羨慕，但礙於那個時代女子的規矩，她不敢脫鞋。

他懂她，看著妻子傻傻站在原地的樣子，便抱起她，幫她脫掉鞋子。於是，兩個光著腳的頑童，在水邊嬉笑追逐，在「青露洗」裡，濺起一片片幸福的水花……

李清照喜歡梅花。那天，饒有情致的夫妻二人，在院子裡擺了桌椅，備了小菜，一邊賞梅花，一邊對飲。看到欣喜處，李清照興致大起，提議兩人進行「故事大賽」，誰講的典故不正確，誰就要被罰酒。趙明誠爽快答應。和有趣的妻子在一起久了，他也愛上了這有趣的遊戲。

他講了一段精采的故事之後，滿滿斟了一杯酒，並意味深長地看向她，意思是，如果你的故事沒有我的精采，就要甘願認罰了。

李清照不甘示弱，也同樣奉上了一段精采故事。故事講完後，兩個人相視哈哈大笑，一起乾掉了各自杯裡的酒。

他們的浪漫趣事，煨暖了蕭瑟生活裡的冷寂。

數年後，因父親沉冤昭雪，趙明誠成了萊州太守。他們的日子又有了嶄新的開始。

他們知道，那些年沉寂中的瀟灑，並不是為了今日的重生，但因為有了那些年的悠然心境，才有了變得更好的現在。

由此，我不由得想到了演員張頌文。

一部《狂飆》把寂寂無聞的張頌文推到了大眾視野中，他爐火純青的演技令人折服，也正是因為演技太好了，觀眾都調侃他就是本色出演。其實，成名前的張頌文也經歷過一段漫長的人生蟄伏期，身為一個演員，他曾在數不清的否定聲中飽受心靈落差的折磨，最慘的時候，一年面試三百多個劇組都被拒絕了，因為找不到演戲的工作，張頌文只能在無人問津的角落等待時機。

成長是一場疼痛的蛻變，然而張頌文在世事落差裡，並沒有就此偃旗息鼓，而是學會了用樂趣來另闢蹊徑。很多網友在翻張頌文以前的社群貼文時發現，他的文章很有深度，大部分內容都是關於他對生活的感悟和覺醒，於是人們紛紛驚呼，原來張頌文也是一名文藝青年啊。

他早期發表在文學期刊《天涯》上的散文〈在心裡點燈的人〉，居然作為現代文閱讀題的題目，出現在了貴州省的試卷上，很多網友看了這篇文章後大呼「強哥」文采好，還有人隔空喊話說「張老師來做題了」。張頌文還曾在《讀者》發表過一篇紀念母親的文章〈火柴天堂〉，文中他用溫暖細膩的文字，形象生動地為讀者展現了一位好母親、好醫生的形象，讀起來讓人不禁淚目。

由此可見，散文就是張頌文晦暗人生裡另闢蹊徑的一段閒情逸趣。在散文的世界裡，張頌文用通透美好的覺醒對抗滿是遺憾的世界，散文帶來的樂趣是他疲憊生活裡的解藥。

於是，在張頌文心裡，似乎沒有不能原諒的事，也沒有不能跨越的磨難，所以，在那些無解的人生命題裡，人間清醒的張頌文一直在以自己的方式過著意趣橫生的生活。就像他自己說的一樣：「其實一輩子很短，人生怎麼快樂就怎麼過，營造一個有趣又有質感的人生，要比什麼都強。」

沒錯，生活是一道特別玄妙的命題，很多人認為，生活品質決定了生活的狀態，其實恰恰相反，是生活的狀態決定了生活品質。

以什麼樣的狀態，描繪生活中的每一種遇見，便有什麼樣的生活品質。遇見人生盛景，手裡的筆觸自然色彩斑斕。而在遇見風、遇見雨、遇見世事沉浮起落時，落筆時的色彩便顯得尤為重要：灰暗的色彩，模糊了該走的路；明亮的色彩，卻可以照亮此岸與彼岸。而炫亮那些明亮色彩的基調，便是那一抹輕輕巧巧的「意趣」，足以讓所有的失意，在峰迴路轉間另闢蹊徑……

在生活顛簸的失重感裡，明明一落千丈卻偏要一鳴驚人

人生是一場修行，不經歷風雨飄搖，就做不到意趣從容。風雨裡的心思淒冷，只會讓寒意更加徹骨，倒不如攜一縷暖暖的情趣，一點點讓甜意滲透到生活的細枝末節裡，所有的苦寒，便也無處遁形。

很多人喜歡探討一個老生常談又俗不可耐的話題：什麼是生活？不諳世事時，總是不知道該如何總結這麼籠統又高深的話題，因為生活這個命題，太寬泛深遠，真是不好解釋又不好理解。

我說，當一個人真正讀懂生活後，就會深刻地參悟到，所謂生活就是一個字：變。

生活就是無數個變幻莫測的起承轉合。

很多時候，走得最快的，都是最美好的時光。因此，我們是如此珍惜想要留住的幸福，總是懼怕這些美好突然有一天變得漸行漸遠、遙不可及。

我們害怕生活裡那些想要抓住的東西，突然有一天從生命中抽離，所以才那麼小心翼翼地守候著心底深處最在意的一切，渴望它能以不變的姿態駐留，永遠都會是最初的模樣。

可是時光，不會永遠美好如初，不會永遠平靜如水。世事風波裡，曾經的美好，開始在顛簸中變得紛亂。起承轉合，生活的形態就是如此。

• • • • •

每個人的人生都有風雲變幻，只不過面對的事情不一樣而已。談及王維，總會想到他那「詩中有畫，畫中有詩」的文學意境。殊不知，王維唯美的詩句之下，修得的是一顆在紛亂世事中的從容之心。

他的一生充滿傳奇色彩，能在世事顛沛和事業需求之間遊刃有餘，並能在把握機會的同時自在地活著，這就是他身上最顯著的標籤。

王維很小的時候，就經歷了人生的幽暗期，年僅九歲，他的父親便過世，在那個還需要父愛的年齡，他就和母親擔起了照顧年幼弟妹的重任。家庭變故並沒有攪亂他平靜的內心，艱難的生活中，他伴著才華成長，十五歲的王維已經可以出口成章了。

為了父親的夙願，也為了給自己的未來更多機會，這位少年獨自離家遠遊，闖蕩長安。憑藉著極高的情商和才華，他很快便成了京城貴族圈子裡的名人。

本來王維在二十一歲高中狀元，正該是仕途風光之時，命運卻又一次將他打入谷底。那不過是一次無心的錯失，因惹怒了皇帝，王維被貶了。

念去去，千里煙波，終是楚天遼闊。在遙遠的濟州，他被降職為看管糧倉的小官，明珠暗投，一身才華無處施展，本是傷感落魄之時，但心有意趣的王維，硬是把蕭索生活過出了修身養性的意境。

生活那麼美好，哪有時間哀怨？

閒暇之餘，他與當地的隱士歌舞彈唱，吟詩作畫，遊覽名勝古蹟，那日子過得真是不亦樂乎。在世事的起承轉合裡，他卻依然能在自在的心態中，不慌不亂地理出個橫平豎直來。

不管外面的世界如何風雲變幻，王維卻在自己處變不驚的精神世界裡怡然自得。皇帝讓他出使邊塞，他便在「大漠孤煙直，長河落日圓」的廣袤天地間，帶著閒趣遠離喧囂與羈絆，於天蒼蒼野茫茫之地，看山看水，聽風聽雨。

就算邊塞生活清苦，也絕對不會消磨他臨風對月的心境，拉上三五好友，閒時左手酒杯，右手詩行，逛逛山林，看看日出，清靜無為的生活，成了他靈魂的依靠，從此他便愛上了這種半仕半隱的生活。

還是那句我們常常吟誦的：「行到水窮處，坐看雲起時。」水不見了，那又如何？只要心中有陽光，一樣可以靜待雲起。身邊的一切就像是風過葉落的自然規律，就算生活不停地起承轉合，他也一樣可以走得寂靜無聲，不帶走半分浮華。

心有閒趣的人，也必心有安處。

我無數次在自己的書中提到他的故事。

他是我曾經的同事，在大家眼中，他是一個熱愛生活且很懂生活樂趣的男人，總是能把簡單的生活過得興致盎然。

無獨有偶，在一次公司年度體檢時，他查出了大腸癌。拿到報告的那刻，我們第一次看到他無助的那面，那落寞的背影裡，寫滿了生活無常中的無奈。

生活對人的折磨，是不遺餘力的，彷彿只是剎那，靜好歲月裡便狼煙四起。從此，他的世界陷入灰暗，原本家庭條件並不算富裕的他，要不斷借助外界的幫助才能支付昂貴的治療費用。

尤其是在治療期間，化療的副作用頻頻出現，脫髮、頭暈、口腔潰爛，種種折磨讓他夜不能寐、食不能安，而且還需要不斷地注射營養液才能確保身體的能量。有時，看著自己身體每況愈下，他也曾在萬念俱灰中想過結束生命，悄悄地離去，從此不拖累別人，也不折磨自己。

但是，當他想到那個不離不棄，日夜陪伴照顧他的妻子，和那個等待自己康復後一家團圓的女兒時，他知道，她們就是自己這一生最深的牽念，他不能讓妻子沒了丈夫，女兒沒了父親，他必須在她們背後，用孱弱的身軀，支撐起生活沉重的嘆息。

生活總有起承轉合，關鍵是如何在紛亂世事中理出個頭緒。

生活總要經風又經雨。想通了以後，他又回到了曾經那個滿心生活意趣的狀態，在醫院接受治療的期間，他重拾自己一直以來的興趣愛好——畫漫畫繪本。

早春的窗前，他不再心思沉重，他甚至覺得以前那段時間的沉淪，是對美好時光的褻瀆。從現在開始，他要珍惜活著的每一天。於是，窗外的風景開始變得生機勃勃，他看到一位母親帶著孩子在草地上玩耍，小男孩張開胖乎乎如蓮藕般的手臂，在風中踉踉蹌蹌地奔跑，因為大笑而興奮張開的嘴巴，可以看見口水順著嘴角流了下來，在風中劃出一道晶瑩可愛的弧線……他看著看著，便跟著孩子一起笑了，這有趣的瞬間，被他捕捉到了漫畫中。

那一天，妻子在廚房裡做飯，他坐在客廳裡看書。一抬頭，便看到妻子汗津津的臉上，一縷頭髮落了下來，垂在臉頰旁，妻子顧不得把頭髮撩上去，繼續忙碌著。這時，女兒推門跳了進來，歡呼雀躍的樣子像開心的小麻雀，紅通通的臉上泛著甜美的笑意。她跑到媽媽身邊，抱著媽媽便是一個甜甜的吻。轉身之際，這鬼丫頭來到他身邊，突然伸出背在身後的手，把蛋糕外層的奶油抹在他的臉上，並高喊著，爸爸生日快樂……於是，一家三口，在嬉鬧追逐中把彼此抹成大花臉……那場景，幸福得不得了。這有趣美好的時刻，留在了他的漫畫中。

這些凝聚著美好情趣的生活小故事，漸漸地吸引了很多讀者，他也有了很多粉絲。很快，他成了有名的漫畫家，曾經困擾他的昂貴醫療費用，如今已經不再是生活難題。

三年後，醫生告知他的癌症沒有惡化，並得到了有效控制，與此同時，他也收穫了成功的事業。他說，如果不是當年心底蕩漾起的那一抹生活樂趣，他也不會成為如今更好的自己。

在變幻莫測的流光裡，看清世事沉浮起落，並能在紛亂中理出個橫平豎直，是一種能力和修為。時光裡，有如水溫柔，也有如霜冷漠，我們總會在匆匆行走間，遭遇暴風驟雨。

人生是一場修行，不經歷風雨飄搖，就做不到意趣從容。風雨裡的心思淒冷，只會讓寒意更加徹骨，不如攜一縷暖暖的情趣，一點點讓甜意滲透到生活的細枝末節裡，所有的苦寒便也無處遁形了吧。

在細節中保持浪漫，在清雅中保持別緻。因為真正的強悍，是在生活顛簸的眩暈裡，本會一落千丈，卻偏要一鳴驚人。

左手在失去裡翻江倒海，右手在意趣裡遇水架橋

很多時候，站在「失去」前，我們是那樣的惶恐無助。那是怎樣的一種不捨，看著在濃烈情感中蔓延而生的深愛之物，在某個猝不及防的時刻，突然消失得無影無蹤……

有人問我，勵志書存在的意義是什麼？我說，這個世界的悲歡離合，是自然存在的主旋律。而所有的悲歡離合，都開始於「失去」。

從某種意義上來說，生活中的我們，得到的同時也都在經歷失去。有時，得到後失去，比一無所有更痛苦。可是有時，我們卻也都在期盼著每一個等待了很久的得到，不是嗎？

得到與失去，就像是不斷交替的輪迴，絞痛了每一段悲歡離合的無奈。於是，我們便需要療癒系的文字，撫平每一道傷口。

很多時候，站在「失去」前，我們是那樣惶恐無助。那是怎樣的一種不捨，看著在濃烈情感中蔓延而生的深愛之物，在某個猝不及防的時刻，突然消失得無影無蹤，想伸手抓住，卻那麼無能為力，心彷彿瞬間被擊碎，被抽空。那分悲愴，怎一個痛字了得。

時光帶來的傷痛，總是不遺餘力。所有的糾結，都是一次次撒向傷口的鹽，讓每一次揪心的裂痕雪上加霜。但是，生活終究要往前走，失去了，那就痛吧，那就哭吧，壓抑不如釋放。只是，哭過痛過後，抹去浸到肌膚傷口上的鹽，抬起頭望向天空，讓陽光從指縫間滲透，告訴自己，好好活著，便是對失去之物最好的追憶。

他的故事，在我的一次採訪中，慢慢浮出水面。

他和朋友是青梅竹馬，從小一起長大，家鄉的每一處角落裡，似乎都留下過他們玩鬧遊蕩的身影。再後來，他們一起上中學，進入同一個班級，畢業以後，考入同一所大學，每天朝夕相伴，就那麼自然而然地，彼此似乎已經融入了雙方的生命，誰缺了誰，都不是一個完整的個體。

他們曾經約定，將來，誰先結婚，另一個人就做伴郎，在生命中最重要的那一刻，見證好兄弟的幸福。他們曾經約定，將來他們的孩子，要像他倆一樣情感篤定，彼此扶持，把這份最美好的情意一代代傳承下去。他們曾經約定，當老了，兩家人的房子要買在一起，那時，他們可以一起坐在海邊，聽海浪如歌；一起坐在黃昏的長椅上，看夕陽滿山……他一直覺得，在這個浮躁的時代，能擁有這樣純澈的兄弟情，實屬不易，所以才顯得特別珍貴。

那一次，青梅竹馬的婚禮如約而至。他們沒有忘記第一個約定，等待在婚禮上兌現彼此的幸福盟約。而那個午後突如其來的一個電話，劃破了曾經的寧靜，電話那頭，是朋友未婚妻焦急慌亂的聲音：他出了車禍，生命垂危，彌留之際想見他。

他腦子一片空白，狂奔到醫院時，朋友已奄奄一息，握著他的手，留戀地看了他一眼，道了句珍重，便匆匆而去……

他第一次感受到失去摯友的疼痛，那是深深壓在心底的悲愴，無從宣洩，彷彿突然堵在心裡的一塊石頭，讓他喘不過氣來。手掩著胸口，他跌跌撞撞地跑出去，風在耳邊呼嘯，淚水在風裡被吹成無數顆飄零的淚珠，一滴滴從耳邊劃過，那種冰冷觸感，一次次把曾經的記憶喚醒。

淚眼裡，他看見了他們曾經一起走過的某條小路，朋友鮮活的樣子，彷彿還帶有餘溫，在過往的記憶裡，他們搭著彼此肩膀，說好要做一輩子的換帖兄弟……

淚眼裡，他彷彿看見朋友從背後跑過來，重重地給了自己一拳，嚷嚷著要把上次輸掉的籃球比賽再贏回來，那張洋溢著青春的臉，那麼真切，彷彿就在眼前……

淚眼裡，他看見他們的手握成拳，「咣」一下碰在一起，嘴裡還高喊，「一、二、三，加油」，他明明看到朋友汗津津的額頭上，閃著明亮光芒，那因傻笑而咧開的一口白牙，燦爛得似乎可以照亮一切黑暗……

這個曾經在自己生命中鮮活朝氣的人，就這樣突然間消失得無影無蹤。他覺得那一刻自己的生命，也被抽離得只剩下空殼……

後來的日子裡，他都生活在失去摯友的痛苦中，回憶多麼清晰，悲傷就多麼誅心。走不出來，每一天的日子都是幽暗的。那一天，他無意中翻到了朋友以前的日記，他看到了一段話：這一生，我有很多事想去做，我想活得有趣，體驗不同的生活激情。

忽然，他沉浸在痛苦中的心被擊醒。他決定從陰鬱的心情中走出來，帶著自己和朋友的夙願，把朋友沒有經歷過的有趣生活，都經歷一遍。

他彷彿又回到了從前陽光燦爛的日子。在鳥語花香的清晨推開窗，讓陽光灑進陰暗已久的房間，舒展身體，吃一頓健康的早餐，邁著輕快的步伐上路，看著人們在忙碌中不失微笑的臉，並帶著愉悅心情開始一天的工作，讓每一天的精采，在努力中閃光。

回到曾經和朋友一起度過年少時光的籃球隊，耳邊響起了朋友的聲音：「我一定會成為灌籃高手。」多好的夢想，那就讓我們一起去實現吧。於是，他開始在籃球場上奔跑，一個帶球轉身，一個騰空跳躍，一個精采灌籃，流著汗的臉在陽光下熠熠生輝。這些有趣的時光，是他對朋友最好的懷念。

愛情是青春最好的旋律，他雖然不曾體驗，卻是如此渴望。那年，他遇到了心愛的女孩，開始一段纏綿浪漫的戀愛。每一天，都會有愛的驚喜，擦亮年輕的基調。兄弟，這樣美好的愛情，我體驗到了，你也感應到我的幸福了吧。他在心裡這樣對朋友說。

此後，他還去了曾經和朋友約好一起去的遠方，看山川湖泊，看這個世界最美麗的風景……就這樣，他在一段「自我療癒」裡，找到了生命新的起點。

●●●●●

這不禁讓我想起了汶川女孩廖智的故事。那場突如其來的汶川地震，不僅奪走了廖智的雙腿，還奪走了她年幼的女兒，接踵而來的打擊後，丈夫的狠心離去又讓她的痛苦雪上加霜。

一場又一場殘酷的「失去」，一度摧毀了廖智的精神，她也曾跌入痛苦的深淵而一蹶不振。

但歷經萬念俱灰的蟄伏後，她決定勇敢地撿起破碎的自己。於是，她戴上義肢，重新投入自己熱愛的舞蹈事業。雖然在完成舞蹈動作時，斷肢脆弱的截斷面需要忍受極大的痛苦，但她還是咬著牙堅持了下來，並最終完成了所有舞蹈動作。

二〇一一年，戴著義肢的廖智在電視節目《舞林大會》上，以精湛靈動的舞技驚豔了所有人，她用鮮活的勵志精神向人們詮釋了一件事：每一個不曾起舞的日子，都是對生命的辜負。

很快，人們便不再關注她的殘缺，而是把目光都放到了她精美絕倫的舞姿上，人們甚至忽略了她破碎的美，她也在用行動告訴公眾，每一個經歷過顛沛流離的人，都能在自己的舞臺上風生水起，綻放藝術的魅力和光輝。

在最近播出的一檔真人秀節目《舞出我人生》中，廖智站在聚光燈下，飛舞的身影裡旋轉而出的，滿是她對生活五彩斑斕的夢。當然，廖智的樂趣不止於此。

她開始在極限運動中，一點點發掘自己內心的不屈和狂野，在二〇一三年上海國際馬拉松賽上，戴著義肢的她竟然跑完了漫長的五公里。她說當時的自己並不只是在完成一項體育競賽，而是在奔跑中完成「遇水架橋」的心靈蛻變。二〇一四年，她又搖身一變，成了勵志片《深情約定》的女主角，用影視劇的形式向人們不斷地傳達苦中作樂的精神……

一次又一次，廖智不斷透過穿透陰霾的力量告訴大家，任何時候都不要因為生活中的「失去」而喪失快樂的力量，只有努力綻放光彩，才能在顛沛流離後風生水起，才能在溫暖自己的同時照亮他人。

如果此刻你打開抖音影片，一定可以看到涅槃重生的廖智，在經歷了人生中最慘烈的苦難後，依然可以重啟人生、翩翩起舞的精采模樣。廖智也在用自己的故事告訴我們：**失去的一切終將在不曾被辜負的日子裡，強勢回歸。**

左手在失去裡翻江倒海，右手在意趣裡遇水架橋。失去後的心痛，還需要頓悟後的那一點點心靈的意趣來化解。

活得有趣而美好，是對自己和所愛之人事，最好的安放。

讓「那幾朵烏雲」如刀，劈開壓力，還你一身奇蹟

樂趣，就像躲在生活烏雲背後的柳絮，它就藏在你的愁眉裡，當你轉過頭，看向別處時，樂趣就會隨風而來，機會也會投入懷抱，「駐」進心裡。

徐志摩在〈再別康橋〉裡說：「悄悄的我走了，正如我悄悄的來，我揮一揮衣袖，不帶走一片雲彩。」

當初來時的情景，他沒有忘記，無論天空雲卷雲舒，他依然是曾經的模樣。哪怕烏雲滾滾間，很多事已被席捲得面目全非，但是心底依然會湧現出生活最初的清雅別緻。否則，所有時光，就真的只剩下那一片烏雲，和烏雲覆蓋下的黯淡無趣了。

於是，這樣心有意趣的徐志摩，看到了陰暗背後的盛景繁華：

那是夕陽餘暉映襯下的堤岸，岸邊的柳條被染成了金色，彷彿新娘般渾身散發著熠熠光輝。水波粼粼中的美麗倩影，在我的心頭蕩漾成一世的溫柔。青荇在柔軟的泥土上蔓延，帶著油亮光澤伸入水底。

那一處柔波啊，惹得我此生只願意做一條水草，在彩虹般的浮藻間尋夢；撐一支竹竿，在青草深處，載一船星輝，在星輝裡放聲歌唱。但是，我又不敢放聲歌唱，因為，悄悄是離別的笙簫，沉默是最好的光陰……

這是怎樣的意趣在心，才會看到如此雅致的歲月。

●●●●●

她的故事曾經激勵了很多年輕人。那一年的她，深陷失戀的痛苦中，一度絕望到開始懷疑人生。生活彷彿從此再也沒有了曾經的清風明月，而是深不見底的世事無常。所有日子都變得黯淡無趣，嘆息也跟著悲傷瘋長。

生活需要樂趣和激情，可是她找不到釋然的出口。每當想到那些愛意纏綿的日子，心就會撕裂般地疼痛，而失戀的沉淪，又阻擋了工作的激情，她一度覺得自己是一個被愛情和事業遺忘的人。

一段時間後，迫於生計，學歷不高的她往返於各種面試。幾經波折，經歷了無數次打擊後，她終於進入一家購物中心擔任導購員。她生性不善言辭，再加上原本沉鬱的心情，起初總是不知道該如何和顧客相處，口是心非的言語，強忍歡笑的假面，似乎一次次將內心的悲傷在壓制中扯得生疼。

生活是矛盾的，放棄不喜歡的工作會有危機感，做著不喜歡的工作會有壓迫感。但是為了生存，人總要向現實妥協。於是，她還是決定好好把這份工作做下去。

那一天，一個顧客因為她的一點點疏忽，便對她頤指氣使，惡語相向。起初，她不斷地低著頭賠禮道歉，可是對方始終不依不饒，得寸進尺，最後她甚至提出金錢賠償，對方還是氣勢洶洶地指責了她三個小時。那一刻，對方所有的咆哮，都像刀子般扎進她的心裡……

四個小時後，被老闆辭退的她，站在人流湧動的街頭，竟然不知何去何從……此後很長的一段時光，她的生活裡都是落寞煩悶，彷彿此生將與有趣的生活再無交集……

一年後，愛好攝影的她，背著省吃儉用買來的相機走向了遠方，那是一處宛若世外桃源的村舍，小橋流水，暮光炊煙，是心情最好的安放地。

春江水暖的日子，一排野鴨撲簌簌掠過湖面，用相機抓拍的那一刻，生活的美掃去了她內心的絲絲塵埃；染柳煙濃的暮春，騎在牛背上的牧童在仰頭大笑之時，從牛背滑落，那滑稽的一瞬間被她抓拍下來時，她臉上洋溢起發自心底的燦爛笑容，心底的塵埃，隨之絲絲飄遠；雲蒸霞蔚的傍晚，坐在屋裡吃飯，鄰居家的小男孩，忽然牽著一隻羊進屋，小孩跌跌撞撞的腳步，和小羊踢踢踏踏的蹦跳交會在一起，簡直妙趣橫生，她舉起相機拍下來的那一刻，自己也跟著哈哈大笑，那笑容，一點都不勉強，心底的塵埃，也變得蕩然無存……

那時的日子，每一天都是意趣滿滿，她像是重新活了一次一般，曾經的悲傷，只是生命的冬眠，春天來了，一切都是最美的開始。

兩年後，她投稿的攝影作品獲得攝影大賽一等獎；三年後，她成了知名攝影師，作品享譽海內外。

樂趣，在改變壞心情時，改變了生活品質，也改變了人生方向。樂趣，就像躲在生活烏雲背後的柳絮，它就藏在你的愁眉裡，當你轉過頭，看向別處時，樂趣就會隨風而來，機會也會投入懷抱，「駐」進心裡。

朋友向我講過一個故事。

記得那年新冠疫情剛剛發生的時候，很多人都被隔離在相對的安全區，朋友和幾位女同事也被隔離在公司宿舍裡。

在那樣的境況下，可想而知，每個人都活在恐慌之中，每天不停播報的新增病例和死亡人數，如一把在黑暗中無形射過來的利劍，直接刺在每個人緊張敏感的神經中，讓大家惶惶不可終日。

除了外出吃飯的時間，她們都把自己關在宿舍裡，每天被恐懼包圍著，沒有任何的生活樂趣。有一些年齡較小的員工，經常抱在一起哭，彷彿生活隨時會大難臨頭。還有一些時而抓著頭髮沉思，時而大聲咆哮，發洩著自己內心的壓抑。

其中，只有一個女生，表現得很平靜。她總是拍著大家的肩膀，安慰每一個人，告訴大家：一切都會過去，一切都會好起來。

後來，她發現雞湯式的安慰，並不能讓大家真正重新發現生活的樂趣。

於是，她有了一個大膽的想法：和大家一起開闢一個菜園，種植各種蔬菜。她們的公司在工業園區，宿舍前面有一片空地，完全有能力種植。她的提議起初沒有人回應，後來大家想，反正也無事可做，就當打發時間了。

此後，一到午飯晚飯後，她們就會去種菜。一開始，大家還是提心吊膽的狀態，後來，一幫嘰嘰喳喳的女生，挖土打水澆水施肥，忙得不亦樂乎。就連旁邊宿舍的女生們也都來幫忙，菜越種越多，地越拓越寬，最後竟然變成了一派綠意盎然的風光，人們總能看到她們在樹下採摘打鬧的身影。那一抹動人的綠色，讓無趣的隔離生活漸漸變得有趣起來。

再後來，她們在門前拉起了一個簡易球網，組建了一支排球隊，陽光下，她們跳躍的身影，揮舞的手臂，燦爛的笑臉，是那麼風雨不驚，竟把死氣沉沉的隔離區變成了生機勃勃的「趣味天堂」。

真實的生活，悲喜聚散，是一種常態。悲傷沉悶，苦恨纏綿，都不能讓光陰變了軌道。人生那麼短，光陰那麼長，沉湎於過去，只會錯過眼前的美好。悲傷會隔斷美好的延續，而樂趣卻會讓看似沉寂的人生峰迴路轉。與其讓「那幾朵烏雲」擾亂了生活最初的清雅別緻，不如，讓「那幾朵烏雲」如刀，劈開壓力，還你一身奇蹟。

第6章

凌遲所有無能為力，與江湖親友虛度「無意義」的時光

無能為力是絕望的風口，愛的妙趣是出逃的風向

生活總有無能爲力的時刻，光陰也會猝不及防地驟然扭轉生活的喜與悲。沒有人能敵得過光陰，只能學著與之優雅地相處。其實，光陰從未與我們爲敵，只是，我們應該懂得，心靈最後的歸處，還是要落在情感的臂彎裡。

世間，總有許多的無能為力，橫在歲月的行板上。

總有那麼一些時刻，不知道為何，生活忽然就變成自己從未想過的模樣，事情忽然就跳躍到了某個自己最不願發展的方向。那種突如其來的意外，就像是急轉而下的剎那墜落，一瞬間，連反應的機會都不曾有，曾經的世界就在起起落落間，發生了翻天覆地的變化。

不經意間，花落了，月缺了，快樂也黯淡了。所有的一切都在無奈中沉淪，而心也如亂世一樣，變得無枝可依。誰不是拚盡全力，只為活得更好，可是有時，拚盡全力地尋尋覓覓後，留下的可能是無能為力的冷冷清清。反覆地追問了無數個為什麼後，終於發現，所謂生活，就是接受一切的事與願違。

但是，只要你肯回頭就會發現，所有無能為力的背後，都有一處情感的港灣，在你天涯漂泊、幾經沉淪之際，那些愛的慰藉總在世間最溫暖的地方閃耀，等待著你悲傷落定，他便伸出那一直牽掛著你的手，撫平你的傷口……

當拚盡全力變成無能為力時，人生的樂趣就在於：回頭停靠間，留一份餘力，與世間親友，溫一壺愛的淡酒。

楊絳在〈記錢鍾書與《圍城》〉這篇文章裡，講了很多關於錢鍾書在生活中的「淘氣」趣事。他幫妻子畫了張大花臉，在女兒的被窩裡塞掃把，幫貓打架，看西洋淘氣畫……樁樁件件，都是趣味橫生的生活瑣事。

在楊絳的父母先後去世後，重情重義的錢鍾書知道，自己從此就是楊絳唯一的親人了，於是他便悉心陪伴在她身邊，雖然那時的生活顛沛流離，艱辛無比，可每一天的樂趣無限，卻是他們愛情生活的最美綻放。

錢鍾書，是一個無論何時何地都能製造趣味生活的人。他喜歡看兒童動畫片，尤其愛看電視連續劇《西遊記》。每次看都會身臨其境般跟著劇情各種比畫，手舞足蹈間，一會兒化身悟空，金箍棒一揮，來個騰雲駕霧的翻滾；一會兒化身豬八戒，來個大鬧高老莊，「老孫來也」、「猴哥救我」，俏皮搞笑間，盡顯時光的妙趣。

女兒出生後，更是為他們的生活帶來了無盡樂趣，錢鍾書孩童般的「稚氣」這時更是顯露無遺。某次，楊絳臨摹字帖時，一時睏意襲來，便趴在書桌上睡著了。

當她沉睡在夢境中的時候，調皮的錢鍾書在她全然不知之際，用飽蘸濃墨的毛筆，替她畫了張大花臉，醒來後，她看著錢鍾書莫名其妙地狂笑，一照鏡子，才發現自己的臉已經被畫得面目全非。楊絳摸著臉，與錢鍾書一起捧腹大笑。

後來，錢鍾書把調侃的注意力轉向了女兒。那一次，正是炎炎夏日，三歲的女兒半張著小嘴巴正在酣睡。錢鍾書寵溺地看著女兒微紅的小臉蛋，父愛在心底氾濫，於是便拿起毛筆，以自己幽默詼諧的愛的方式，在女兒肚子上畫了一個笑臉。女兒醒來後，看著自己的肚子，一臉茫然，夫妻倆被女兒呆萌的表情逗樂，兩人相視哈哈大笑……

錢鍾書一生愛貓。平日閒來無事，他就會坐在院子裡，和家人一起看貓打鬧。調皮的錢鍾書總會準備一根長竹竿，藏在門後面，只要自己家的貓和別人家的貓鬥毆，他就會直接躥出去，拿起竹竿為自己的愛貓助戰，幽默詼諧的樣子真是可愛至極。

人生不如意事十之八九，錢鍾書夫婦也曾經歷過一段人生的晦暗期。面對生活的種種磨難和不公平境遇，他們互相鼓勵之際，還不忘時而彼此拍著肩膀，給對方一抹安慰的微笑。

最難能可貴的是，他們總是能在苦難中發現快樂的妙趣，以幽默詼諧的心境抵禦蒼涼世事。儘管生活的磨難是一種無能為力的境遇，但他們卻能把最艱辛的生活，過成最有趣的樣子。在顛沛流離的日子裡，他們嬉笑打鬧，苦中作樂，很多人羨慕地說：「看人家錢鍾書夫妻，越老越年輕，越老越風流！」

後來，他們被下放幹校，楊絳在菜園班看菜，錢鍾書做通訊員，工作距離不遠的夫婦倆，在菜園裡玩起了年輕時的浪漫幽會。兩人坐在水渠邊，沐浴著溫暖陽光，在風吹過的淡淡菜花香裡，暢聊人生，吟詩作賦……

•••••

愛的妙趣是灰暗生活裡的一滴油彩，足以暈染出最斑斕的時光底色。當趣味在生活裡慢慢升騰而起時，所有的悲歡離合，也不過是輕輕飄過心靈的幾縷塵埃，灑脫的彈指一揮間，很快便煙消雲散了……

生活總有無能為力的時刻，光陰也會猝不及防地驟然扭轉生活的喜與悲。沒有人能敵得過光陰，只能學著與之優雅地相處。其實，光陰從未與我們為敵，只是，我們應該懂得，心靈最後的歸處，還是要落在情感的臂彎裡。**就算全世界都背叛了你，愛你的親人朋友，卻永遠在你來來去去的生命中，暖你如昔。**

說到這個話題，我的讀者群裡立刻沸騰起來，看來這真的是一個能引起共鳴的感同身受話題。

有人說：每當拚盡全力在外面打拚，拖著疲憊身體回到家後，最幸福的時刻，就是看著妻子身穿圍裙，滿臉笑意地從廚房走出來，端著一盤熱騰騰的菜，興高采烈地看著我說，「你回來得正好，我燒了一大鍋紅燒肉。」

他看著油光泛亮、香氣撲鼻的紅燒肉，忽然感覺所有的疲憊都已蕩然無存，衝上前去，像個孩子一樣一把搶過紅燒肉，佯裝要大快朵頤時，女兒很快奪了過去，拿起一塊放在嘴裡，一邊嚼一邊狡黠地說，「老爸，你現在明白什麼叫弱肉強食了吧？」於是，一家三口開始了一場空前絕後的「奪肉大戰」，這麼有趣的日子，不是很療癒嗎？

有人說：記得那個寒冬飄雪的傍晚，下班回家的路上，心情沉鬱，因策劃了很久的專案被否決，心裡失望至極。踏進家門的那刻，看到丈夫孩子圍火爐而坐，爐火上煮著茶水，爐盤上放一圈正在煨烤的花生，花生啪啪作響，香味四溢。丈夫孩子看到她，頑劣地拿起還有餘溫的花生砸向她，她笑著躲開了。一家人在溫暖如春的屋裡打鬧蹦跳著，窗戶上升起一層薄薄的霧氣，映襯著屋外飄雪的寒星，顯得格外溫暖……

有人說：那一年生意不順，賠了幾十萬，悲傷到無以復加。妻子看在眼裡，什麼都沒說。某天，他後背刺癢，讓妻子幫忙搔癢，左右上下搔了半天，始終搔不到癢處。機智幽默的妻子，找來一根木棍，從衣領裡插下，屏住呼吸，鼓起腮幫子，一邊做著滑稽的鬼臉，一邊幫他耙搔數下。

他頓時覺得好笑得很，時不時還被撓到癢癢肉，再加上有些微痛，於是大笑著準備躲開。而妻子還故意不依不饒，追著他，壞笑著說，我今天不搔死你決不甘休。兩個打鬧中滾成一團的人，早已經在有趣的生活中，忘記了內心的煩惱。

所有無能為力的生活背後，都有一處情感的擺渡灣。

在我們卸下生活的一切負荷和偽裝後，可以和最愛的人，用最灑脫的手法，把細水長流的日子雕琢成妙趣橫生的傾城模樣。

因為，如果無能為力是絕望的風口，那麼愛的妙趣就是出逃的風向。

跳下生活這匹野馬，做一隻自由而有歸屬感的貓

浮生若夢，過盡千帆，如今家的趣味還在，這就是最好的生活、最好的歲月。也努力，也悠然，也嚴謹，也有趣，人生足矣。

人生一場大夢，世事幾度秋涼，沒有誰的人生是波瀾不驚的，生活像一匹狂奔不羈的野馬，載著我們奔赴一段又一段無法預知的未來，前路或許危機四伏，或許暗礁連綿，於是內心的狂風巨浪也在不停翻滾的瞬間變得惶惶不安。

一個沒有被親情溫暖過的靈魂，注定不會築起堅不可摧的精神壁壘，也注定無法抵禦世事的狂風巨浪。只有跳下生活這匹野馬，回家蜷縮成一隻自由而有歸屬感的貓，才能在休養生息之際，翻盤人生，風生水起。

很多讀者問過我這樣一個問題：什麼樣的人生，才算真正活明白的人生？

我說：「曾經披星戴月到拚盡全力，想要贏得全世界，最後發現，你想要的全世界並不屬於你，有些努力並不一定會有結果，有些夢想總是事與願違，那時你才會真正明白，在最平凡的日子裡，和家人過最有趣的尋常生活，才是心靈最安穩的落點。」

就算人生幾番更迭、世事幾番滄桑、心靈幾番創傷，但是在家的溫暖召喚下，我們依然可以在最平凡的生活中，用最爛漫的心把瑣碎的日子過得熠熠生輝。這個世界，在如刀歲月的侵蝕下，能留住的東西越來越少，回頭望去，妻子哼著歌，搖頭晃腦地做飯；孩子天真爛漫，生活中總是笑料百出；父母人老心不老，隨時保持老頑童的心性……這些每天閃現在我們眼前的尋常生活，就是最暖心的療癒。

浮生若夢，過盡千帆，如今家的趣味還在，這就是最好的生活、最好的歲月。也努力，也悠然，也嚴謹，也有趣，人生足矣。

豐子愷的一生，過盡千帆中遭受過很多劫難。尤其在抗日戰爭時期，他帶著家人踏上顛沛流離的逃亡之路，過著居無定所的生活。但是因為生性豁達幽默，他總是能在各種環境中找到樂趣，以自我調侃的方式尋求自我安慰；他總是把「絕境」看作休養生息之地，也總是把生活悲情看作有趣的表演。

從他的作品中不難看出，那些苦難生活中聊以慰藉的出口，便是家的趣味。

豐子愷共有七個子女，經常出現在他漫畫裡的是大女兒阿寶。豐子愷總能在和阿寶有趣的玩耍中，找到生活的快樂和創作的靈感。阿寶是一個想像力特別豐富的女孩，某次，阿寶拿了一雙爸爸買來的新鞋子，準備為自己家凳子穿上，後來發現缺一雙，於是脫下自己的鞋子，穿在凳子的四條腿上。

豐子愷看到後，覺得十分有趣，於是拉著光腳丫的女兒，父女倆圍著凳子，蹦蹦跳跳地唱道：「阿寶兩隻腳，凳子四隻腳。」阿寶母親看到後，擔心光腳踩到石子受傷，連忙制止，豐子愷卻調皮地拉著女兒一陣風似的跑得無影無蹤……

疲憊的工作之餘，豐子愷會饒有興致地坐在院子裡的榕樹下，看女兒教鄰居家的小女孩打毛線。初學時，小女孩有些手足無措，一會兒不小心把手指纏到線團裡，一會兒又不留神把已經理好的針線丟掉，情急之下，小女孩瞪眼噘嘴，抓耳撓腮，那笨拙滑稽的動作，逗得坐在一邊的豐子愷禁不住哈哈大笑……

豐子愷家裡有一隻貓叫阿咪，閒來無事，豐子愷總是會帶著孩子們和阿咪玩耍。某次，他們突發奇想，調皮地在阿咪的尾巴上綁了一塊魚肉，他們便看著阿咪扭頭不斷轉圈，試圖去吃那塊永遠咬不到的魚肉，看得捧腹大笑……

鄰居家的小女孩有一個奇怪的嗜好：喜歡坐在痰盂上梳頭紮辮。於是，當豐子愷看到這幅天真可愛的畫面時，就會拿起筆，把這妙趣橫生的一刻，記錄在自己的漫畫裡。

一次，他帶著孩子們去郊遊，孩子們興奮之餘唱起了〈送別〉，豐子愷聽後狡黠地笑著對孩子們說：「知交半零落，這個表述對你們來說太複雜，我為你們改編了新版的〈送別〉：『星期天，天氣晴，大家去遊春，過了一村又一村，到處好風景。桃花紅，楊柳青，菜花似黃金，唱歌聲裡拍手聲，一陣又一陣。』」

充滿童趣的歌詞，深受孩子喜愛。這些意趣橫生的家庭生活細節，溫暖了豐子愷的人生，也豐盈了他的創作靈感。

寫到這裡，我眼前躍然而出的，是史湘雲的影子。《紅樓夢》裡的金陵十二釵，每一個人都有自己獨特的性格，而我最欣賞的便是史湘雲。史湘雲出身高貴，出自當時金陵四大家族之一的史家。天有不測，集萬千寵愛於一身的嬌嬌女，一夜之間失去了雙親，從此她在賈府開始了一段全新的生活。

史湘雲歷經家庭變故，但始終不改其有趣的本性。磨難再多，也不會泯滅她對意趣生活的好奇心，她始終帶著蓬勃的活力參與其中，不忘初心，哭哭笑笑地走過最真實的人生。她笑起來毫無遮攔，對情緒的表達也是毫不掩飾，在或清冷，或圓滑，或孤傲，或世俗的姊妹們之間，史湘雲那一抹坦蕩和隨性，絕對是一枝獨秀的存在。

她最美好的樂趣在於：和家人們在一起，可以肆無忌憚地大笑，可以抓起鹿肉大塊咀嚼，也可以不顧及所謂的女兒家形象醉臥花蔭，儼然就是一個豪氣男兒。大觀園因為她的存在，才有了更多歡聲笑語。

某次，大觀園一場吟詩宴會結束後，眾人都在忙前忙後收拾，這時大家發現唯獨少了湘雲，還有她一直在用的酒杯也不見了蹤影。於是急忙四下裡尋找，後來有人猜測她一定是拿著酒杯不知去哪裡獨酌獨醉了。於是，丫鬟小姐們簇擁著一路覓她而去。夜涼如水，星月輝映，伴著潺潺流水聲，在湖畔一處花蔭下，大家終於找到了她。

只見湘雲如睡美人般斜斜地側臥在石凳上，熟睡的樣子嬌憨可愛，臉上及身上鋪滿了紛揚飄落的粉色花瓣，粉色花瓣襯托著她緋紅的臉頰，在夜色中顯得格外明豔。酒杯在她垂落的手掌間搖搖欲墜，彷彿也讀懂了她睡意嬌憨的美，留戀在她的手心不忍離去。那些小姐丫鬟們，也被她可愛有趣的模樣折服，紛紛捂著嘴笑了起來。

這樣趣味橫生的情致，也只有史湘雲才能演繹得出神入化。

這樣的女子，必是心有乾坤的人。湘雲作詩的能力不可小覷，她是《紅樓夢》裡有名的「詩瘋子」，連被元春皇妃讚譽為最會作詩的黛玉，都喜歡和湘雲一起對詩。黛玉的詩靈動飄逸，寶釵的詩工整嚴謹，而湘雲的詩則灑脫不羈。每當大觀園詩社對詩，她作詩不求精美，只求幽默詼諧，於是她開口之際，總能逗笑身邊的人，這也是她和家人在一起的情趣再現。所以，大家總是喜歡看她一邊捂著肚子笑得前仰後合，一邊在嘰嘰喳喳中談論詩詞歌賦……

沒錯，時光會讓我們失去很多東西，也會讓我們看清很多東西。過盡千帆後，總有孤帆遠影，也總有千帆側畔。而家的溫暖，便是拚到無能為力時，回首處那一方一直都在的身畔守護。

於是，一直在路上的我們，披星戴月之際，只想跳下生活這匹野馬，回家蜷縮成一隻自由而有歸屬感的貓。

本不該令人欣喜的人間，偏偏你帶友情來了

行盡世間千帆，心意相通的友人最應景。那哭了又笑，笑了又哭的時光裡，因爲朋友的那一抹光亮，再灰暗的世界都會燃起一絲斑斕的色彩。用一起走過的歲月，去見證意趣生輝的人生，是她們最美的約定。

李白在〈贈汪倫〉中寫道：「桃花潭水深千尺，不及汪倫送我情。」

歷史上的李白，是一個特別喜歡交朋友的人，他很多詩的創作精髓，都是從和友人們在一起經歷過有趣的生活後產生的靈感。

李白某次出遊涇縣桃花潭時，認識了村民汪倫，於是每次路過涇縣，他都會去汪倫家做客。那一次臨走時，本以為汪倫沒有來送行，可是當李白乘舟將要離去時，汪倫忽

然帶了一群村民前來送行。

他們拍著手，跺著腳，邊走邊唱。原本內心被離別愁緒攪得心神恍惚的李白，抬頭忽然看到了這一幕感人的畫面，怎會不驚喜？

也許昨晚家宴時已做餞別，說好今日不再前來相送，沒想到汪倫也是一個極有情趣的人，佯裝有事不會前來，然而此刻他不僅來了，還帶來了一支儀仗隊。也許是他太懂李白，了解李白是一個多麼在意生活情趣的人，於是便給了李白這樣的驚喜。

而心有意趣的李白，當然更是個善解風情的人。於是他信手拈來，在心有所感處，吟出了這首千古絕句：

桃花潭水深千尺，不及汪倫送我情。

如果，浪跡天涯的李白，沒有了友人的基調，他旅途生涯的背景底色，該是多麼蒼白。而他每一處浪跡天涯的逍遙裡，都有朋友知音相伴的身影。

登高飲酒，對雪賦詩，竹葉杯中，吟風弄月。就這樣，他在聲聲肆意大笑中，意趣生輝間，走過了半個盛唐。

行盡世間千帆，心意相通的友人最應景。那哭了又笑，笑了又哭的時光裡，因為朋友的那一抹光亮，再灰暗的世界都會燃起一絲斑斕的色彩。

朋友說，讀大學時失戀那段時光，是好姊妹們一路陪伴她走出了人生的灰暗期。

那是一場遠距離戀愛，尤其是學生時代的遠距離戀愛，沒有成熟的情感基礎作為支撐，這樣的感情總是搖搖欲墜、不堪一擊。起初，他們也曾海誓山盟，信誓旦旦地承諾，願意等彼此畢業後就回到家鄉，一輩子廝守在一起。

可是遠距離戀愛並不像想像中那麼簡單，長期分離的感情會因為每一個孤獨的日子而變得痛苦冗長。於是，他們的感情開始疏離，朋友敏感的心已然體會到了。一次次爭吵，一次次卑微的挽留都無濟於事，也許所有的分手都是蓄謀已久吧，果不其然，半年後，那個守不住寂寞的男孩，還是提出了分手。

在那個年紀，分手真的是一件驚天動地的大事，尤其是對一個用情至深的女孩來說，是致命的打擊。朋友那段時間，感覺自己的身體已被抽空，生活中一切都變得晦暗無光。最初的幾天，她把自己反鎖在家裡，試圖用暗無天日的逃避來宣洩自己的悲傷。姊妹們的安慰和勸說，她全然聽不進去。

那天，她打開一直拉著窗簾的窗戶，陽光照進了陰霾已久的房間，刺痛了她哭腫的雙眼。這個世界這麼美好，為什麼只有我這麼痛苦？想著想著，她的眼淚便奪眶而出。

這時，家住三樓的她，忽然看到一根不知從哪裡升上來的竹竿，竹竿上掛著一隻燒雞，那隻黃燦燦的燒雞，在陽光下閃著細碎的光芒，看上去有一種滑稽的美。細細端詳，燒雞的脖子上還掛著一張小字條。

她伸出手，拿下字條，只見字條上寫道：趁陽光不燥，趁微風正好，還不趕緊跳下來一起出去浪……她俯身向下看，只見好友們手裡拿著桃花瓣，紛紛揚起，花瓣在午後的陽光下，折射出斑斕的光芒，像極了生命中最熱烈的青春色彩。

她不由得嘴角上揚，臉上泛起消失了很久的第一抹微笑。擦去殘留的淚水，她飛奔下樓，和姊妹們歡笑著擁抱在一起……

●●●●●

當然，全然走出失戀，並不是一朝一夕的事情。儘管有家人的陪伴，還有好友們的安慰，時常會讓她忘記失戀的痛苦，但是，那種撕心裂肺的感觸，還是會時不時跳出來，揪扯著她的心。

那一次，她打算來一段一個人的旅行，到一個城市，看著不同的風景，徹底忘記一個人。拉著行李箱踏入異地的那一刻，她忽然產生了一種莫名的孤獨感。秋風搖曳，路上行人稀稀落落，心中莫名又泛起落淚的衝動。當她心神恍惚地低頭走過一棵大樹下，忽然間，只聽「撲通」一聲，從眼前落下一個物體，嚇得她下意識地大叫一聲，並迅速向後撤去。

定睛一看，是一隻女式球鞋，她抬頭向上看去，只見她的其中一個好友趴在樹頂上，帶著狡黠的笑容大聲喊著：「路過的女俠請留步，敢問妳從何方來，要去何處……」另外兩個好姊妹則騎在樹幹上，嬉皮笑臉地喊道：「路過的這位美女，留下買路錢，或者乾脆讓我們劫個色吧……」

「哈哈哈……」她笑得前仰後合，隨即跑過去，撿起好友的鞋子，佯裝生氣地打算扔掉，邊扔邊說，「什麼怪物，臭死了，留它何用……」機智的姊妹們見狀立刻接應道：「沒錯，已經發霉發臭的東西，早該扔掉了，包括已經過去的舊情，哈哈哈……」

她看著眼前逗趣的好友們，想著她們頗有深意的話語，臉上泛起了已然真正釋懷的笑容……行盡世間千帆，心意相通的友人最應景。用一起走過的歲月，去見證意趣生輝的人生，是她們最美的約定。

當代畫家豐子愷，是教育家朱光潛的摯友。他們心有靈犀，有一樣的愛好，一樣的性情，喜歡文藝，內心充滿童稚。他們一同在上海創辦立達學園時，生活清貧拮据，可是兩人依然不忘用天真童趣的心，去體味生命的美妙。院落裡的樹蔭下，一張石椅，一壺濁酒，舉杯喜相飲，滿嘴豆乾花生米，談笑間，唇齒留香。

有時，幾杯下去，醉意微醺，豐子愷便取一張紙，作起畫來。一幅畫，一段相知的談論，藝術的靈感在友情的樂趣中，蔓延開來……

每次說到豐子愷的藝術和人格，朱光潛總是滔滔不絕：他就是那樣一個心有意趣，無憂無嗔，無世故氣，亦無矜持氣的「小朋友」。

他們之間的友情，有詩意，有諧趣，讓你啼笑皆非，又肅然起敬……

人生就是一場尋尋覓覓的旅程，許多內心的渴望，在世事風煙中，於開始和結束間反覆，青絲白髮，說不盡的歲月無常。塵緣這種東西，來來去去，起起伏伏，無論人還是事，都讓人捉摸不定。

欣喜若狂也好，默然嘆息也罷，最後，我們總要從歲月中抽身而出，以一個清醒的姿態，放下不必要的執念，在親情與友情的尋常巷陌裡，用最簡單天真的幽默、用最詼諧灑脫的趣味，來填補生命的空白。

生活就是這樣的，本不該令人欣喜的人間，偏偏你帶友情來了，於是我好像又活過來了……

飄過江湖夜雨，與懂我的人碎碎念念，歲歲年年

我們都在江湖裡，也都走過夜雨之路，那些懂我們的人，終是無常人生裡，起伏變換間，最溫暖的停靠之處。這一處，因爲有了那些滲透在世事喧囂裡的意趣，才變得步履輕盈。

誰不是在江湖行走，誰又不是在人間流浪。有江湖的地方，就有紛爭、恩怨、是非和風雨。於是，詩作有云：「走著走著就散了，回憶就淡了；夕陽靠著山倦了，天空暗了；一朵花開得厭了，春天怨了；鳥兒飛得不見了，清晨亂了……看著看著就累了，星光也暗了；聽著聽著就厭了，開始埋怨了……」

生活的每一場行走，都是為了遇見心有所想的期盼，這是每一次上路的初衷，生活

也因為有了這樣的殷殷期盼，才會顯得更有力量。

可是走著走著，理想在現實的衝擊下，顯得不堪一擊，很多事情，最後變成了事與願違的模樣。

就像夕陽本想染紅山，可是暗淡的天空偏偏擋住了視線；一朵花開，本為了燦爛整個春天，可是春天卻並不領情；清晨以最好的姿態迎接鳥兒，可是鳥兒卻振翅遠飛，留下清晨獨自凌亂。世間萬物都是如此，走著走著，想要的美好變了，於是，人生累了暗了，也厭了怨了……

但生活還是要繼續，我們敵不過世事，只能學著用最有趣的方式，和它溫和相處。一路江湖，一路夜雨，帶著嘆息上路，不如帶著那些懂我們的人和事，一路笑鬧，一路歡歌，一路徜徉，把每一處時光的痕跡，用仗劍天涯的豪邁，劃出一道鏗鏘有力的弧度，這段弧度的每一個細枝末節裡，都刻著你與人、與時光的意趣重疊。

生命是一種修為，如何雕刻，是一種睿智的態度。

我們還是來聊聊李白吧。灑脫不羈的李白，十五歲那年，意氣風發的他在讀書之餘，開始學習劍術。於是，才有了後來那個詩情爛漫、仙風道骨，有著俠義之心的他。

李白情商頗高，交友頗廣，在官場跌宕起伏的時光裡，如果沒有那些懂他的人相攜共歡，如果沒有那些「歡言得所憩，美酒聊共揮」的意趣時刻，我想，李白的生命底色，一定是蒼白的。

而李白之所以活得有趣，還有很重要的一點，那就是：他始終認為，世界是美好的，時光是溫暖的，就像現在很多積極達觀的人，走在路上，哪怕關山迢迢，哪怕風雨未央，卻始終相信，總有日光傾城之時。

讀他的〈下終南山過斛斯山人宿置酒〉，我們總能窺見他「沉醉詩酒，笑看紅塵」的豪氣。他一生曾二入長安，這一次是第二次，想必內心更多的是苦心孤詣的無奈。

可是，詩中的他，卻是一個活脫脫的頑童。

李白此去是為了拜訪一位叫「斛斯」的隱士，想必他們亦是頗懂彼此的知音。那是夜幕剛剛降臨的終南山，李白一路走來，酷愛月亮的他，彷彿看到月亮正伴著自己的腳步，一點點照亮下山的路。這就是李白的意趣，在他的心裡，懂他的不只是人，還有萬物生靈，因此他才有了仗劍走天涯的情調和本錢。

回頭看去，曾走過的山路，翠綠色的樹，掩映著幽深的山林，彷彿一路護送著他在夜色中前行，這也是人與自然的一種心意相通。此刻的他，內心一定是浪漫美好的。

此刻，斛斯已帶著鄉鄰們前呼後擁來迎接李白，那是怎樣的情深義厚，又是怎樣的殷殷期盼，想必這也是他們彼此在這個紛擾世間裡，最美的一種情意和守候吧。就連頗解其中意的孩子們，也打開柴門來迎客了。此刻的李白，一定會和孩子們打成一片，那歡聲笑語，完全就是喧囂世界裡的一絲天籟之音。

進門後，在幽幽綠竹的小徑中，李白的長衣拂過青蘿，彷彿即刻衣帶見香，那味道，比蠅營狗苟的名利味要純澈很多，那是田家庭園的恬靜，是李白這輩子最快樂的閒趣所在。「歡言得所憩，美酒聊共揮」，落座之際，酒宴開場，酒逢知己千杯少，此刻的李白，心總算是找到了真正的安放處，歡言笑談，觥籌交錯，美酒聊共揮。

一個「揮」字，是全詩的精髓，也最契合我們今天要談的主題。知音情濃，清酒相伴，有友有酒，人事兩全，這份意趣，已是最高的境界。但是還有兩件事，是他苦悶人生的慰藉，一個是放聲長歌，一個是揮袖輕舞。

那一夜，他是真的揮灑至極，直唱到天河群星疏落，籟寂無聲，只有他的歌聲在空中迴蕩。友人們都懂他，於是拍著手為他打節拍，他也知道友人們賞識的目光裡，是對他的了解和理解。於是，他所有的縱情都顯得那麼自然不羈。

唱罷，便是揮袖輕舞，本是一身仙骨之風的李白，舞起來那也是傾倒眾生的。一縷月光灑下，李白微醉的臉上映著一絲緋紅，兩袖在舞動旋轉中，帶起片片清風，就連垂落的鬍鬚都在清風中飄出了清逸的模樣。舞到盡興處，李白狂浪的笑聲，伴著酒後歪歪倒倒的舞步和友人們敲響的鍋碗瓢盆節奏，完美地演繹出一場意趣橫生的生活圖景。

「長歌吟松風，曲盡河星稀」，一曲一舞終了，月落星稀，堪比閉月羞花。於是，陶陶然間，人世的機巧之心，名利之欲，失落之苦，都一掃而空，蕩然無存……

在江湖夜雨裡，和懂我的人仗劍走天涯，是李白一生所有的樂趣。

我們都在江湖裡，也都走過夜雨之路，**那些懂我們的人，終是無常人生裡，起伏變換間，最溫暖的停靠之處。這一處，因為有了那些滲透在世事喧囂裡的意趣，才變得步履輕盈。**

她是我的同事。多年前，我們在同一個公司任設計師一職。因為過於要強的性格，她工作起來總是一副不要命的樣子，為了提高業績，經常廢寢忘食，每次總是最早一個來公司，最後一個離開公司。

一年後，功夫不負有心人，她晉升為部門主管，可是興奮之情還沒過，她就在體檢時查出了早期乳癌——超負荷的工作強度，勢必帶來身體的健康反噬。這一消息，猶如晴天霹靂，瞬間將堅毅如鋼的她擊倒。

那一段時間，她辭去工作，開始頻繁地奔走醫院，每天各種檢查，吃各種治療藥物。這樣的生活，讓原本要強的她萬念俱灰，悲痛不已。

當醫生告知她下一步要進入化療階段後，經過深思熟慮，她決定放棄化療。與其把時光浪費在垂死掙扎上，不如用珍貴的時光來盡情體會一把生活的樂趣。她一直以來都有一個夢想，和心愛的丈夫，去感受一次自己期待已久的高空彈跳。一場說走就走的旅行開始了，疼愛她的丈夫，特地請假陪她一起去實現她這一生最美的夢想。

那一天，他們來到了張家界，開始了一段美好的旅行，她像個孩子一樣，邊走邊拍，想要把自己最好的樣子留在照片和影片裡。每到一處，他們或閒庭信步，看著美景打趣；或追逐奔跑，在風中開懷大笑。此刻，她感受到了前所未有的輕鬆釋然。

高空彈跳那天，她緊張而興奮，和丈夫站在張家界大峽谷的跳臺上，望著下面的山川大河，她感覺自己一直留戀的世界是如此美好。她和丈夫緊緊抱在一起，在尖叫跳下去的那一刻，世界在眼前以最華美的姿勢轉動著，驟然下落時的感覺，就像人生忽然跌到谷底，有一種失衡的落差。但是跌到谷底後又很快彈起來，那種感受，又像是一種生命重生的力量。

她尖叫著，想像著，在高空彈跳的過程中，感受到身體的極限和生命的意義，也忽然明白了很多：其實，生活就像高空彈跳，有低谷，有反彈，有起也有落，以閒趣的心看過，不糾結痛苦，也許就是最好的人間清醒……

半年後，她的癌細胞開始慢慢消失。她用最好的心態，迎來了最好的結果。

生活就是這樣，有高峰，有低谷，有起起落落，也有兜兜轉轉。所以，活在人間，就應該心有俠氣，管他江湖夜雨，還是關山風雨，帶著懂我的人、喜歡的事，以仗劍走天涯的豪邁，劃過秋水青山，攜一縷永不凋零的生活意趣，笑傲江湖，醉臥山水……

生活，無論流浪還是飛揚，終要塵埃落定，將自己在生命的意趣中，還給歲月。

第7章

在吃喝玩樂的煙火氣裡，把人間疾苦燒成新的春天

撒一把人間疾苦，消散在美食滾燙的熱氣騰騰裡

食材經煮沸翻滾後，忽然就有了一種成熟的色彩，吃下去時，不老不澀，剛剛好，我想，所有的過程，都是爲了蛻變成最後的精采，一切都是剛剛好。

說到意趣之前，我們總會先提到困頓。那是因為，人生的困頓有多深，意趣就會有多麼不可或缺。

我們一直在路上，從出生到最後，每個人的生命都放置在路上；腳下，是我們要去的遠方。遠方是大漠孤煙，未來是遙遠彼岸，無人知曉，但我們還是帶著夢想，義無反顧地以數尺之軀跋涉去遠方。

走了很遠，終於發現想要的不一定能找到，唯一能找到的，是通往自己內心的路。

若是走得不卑不亢，走得心有意趣，便自成風景。而當我們執著於愛恨，困頓於得失時，只有透過被煙火氣薰染的一蔬一飯，才能在享盡人間美食的韶光之中，照見來路與歸途。

有位特別受粉絲青睞的自媒體美食作家，曾在一部影片裡說：「人生困頓處最好的調劑，就是製作美食，在製作美食的過程中，你會發現生活裡簡單純真的美好。」

在她看來，做一頓美食，可以放下世事喧囂，心靜如水地精心準備每一道食材，唯一的聲響是下鍋後的煸炒聲，那劈哩啪啦的節奏，像極了喜慶時節的鞭炮聲，彷彿可以將世間所有的煩惱都轟走。

出鍋後，她會用手機記錄下冒著嫋嫋熱氣的美食，讓美食如花朵綻放絢麗的色彩。她說，那一刻內心升騰而起的，是饒有趣味的煙火氣息。

於她而言，做飯就像是一種生命的蛻變，菜不一定要複雜，但要濃郁，放到嘴邊時，那股幽香足以淹沒一切世俗的雜味；湯不一定要鮮美，卻要滾燙，那種沸騰的感覺，如海浪湧上來，足以捲走世事塵埃；麵不一定要白皙，卻要勁道，嚼在嘴裡的韌度，像是心裡那股不服輸的倔強。

其實，在繁忙的現代生活中，人和世界之間最深刻的樂趣銜接，就是「食」，無論親朋好友，還是萍水相逢，美食都是一件大事。

在所有的「食」光裡，可以放下暫時的偽裝和面具，在廚房的油煙味裡，盡享無限樂趣。一道美食，就是一顆童心，那是煩瑣生活裡的一道香氣，把平淡的生活，也薰染出了妙趣橫生的滋味。

我很欣賞「香港四大才子」之一的蔡瀾，他頗受年輕人喜歡，因為他不僅寫得一手好文章，還有一顆懂美食的心。

就像經歷過無數人生滋味一樣，蔡瀾品嘗過世間各色美食，見過滿桌饕餮盛宴，他卻只喜歡最簡單質樸的飲食，他認為，最簡單的食材才能體現出最原始的味道。

在他記憶深處，最難忘的是小時候媽媽做的一道美食：將蟹殼剝開，挖出裡面金燦燦的蟹黃，用各種調味料浸泡，再用搗碎了的豆瓣酥拌一下，吃的時候蘸一點醋，嚼在嘴裡的味道，回味悠長。

蔡瀾一直認為，這世界上最有趣的美食，就是媽媽做的菜。紅塵起伏顛沛間，只要回到家，吃一口媽媽做的飯菜，所有的世事喧囂，便已不足掛齒。有時候，我們所鍾情的食物，不單純是為了果腹，更是一種情懷、一種鄉愁、一種樂趣。

如今，年逾古稀的蔡瀾，最快樂的事情，就是吃喝玩樂，就是寫作之餘逛菜市場，他認為生活有時也偶爾需要擺爛。

走在人聲喧鬧的市場，小商小販的叫賣吆喝聲，夾雜著人們的討價還價聲，儼然就是最具煙火氣息的生活趣味。而自己身在其中，從容不迫地和商販們交談，最後再買整整一袋食材，心滿意足回家去。

回到家，把各色食材擺出來，清洗乾淨，隨心烹飪，絕對是消除疲勞和寂寞最好的方法。一個人在忙碌一天，回歸家庭享受美食的時候，才是心靈最安穩的歸處，那嚼在嘴裡的滿口清香，瞬間讓生活變得祥和安然。

在蔡瀾看來，生活中，沒有比好好做飯更有趣的事了；也沒有比好好吃飯更正經的事了。於他而言，這世間唯有愛與美食不可辜負。

大多數文人都會寫幾筆關於美食的文章，那是因為所有生活的導向，最後還是會落在最俗又最有生活趣味的一個「吃」字上。汪曾祺也不例外，汪曾祺是作家裡的美食家，美食家裡的哲學家，所以喜歡他的讀者，總是走不出他的美食散文。

品嘗美食就是品味生活，汪曾祺帶著他的美食散文走過天南海北，海闊天空間，是一縷縷煙火味撲鼻而來。

透過他的文章，就算我們身在都市，依然可以嗅到內蒙古的羊肉、東北的酸菜、陝西的麵食、四川的辣椒、雲南的野生菌、湖北的蒸菜……一排排從眼前滑過的美食，香氣四溢間，人世間一切喧囂，即刻便煙消雲散。

汪曾祺散文中對飲食文化展現最多的是生活趣味性。除了食材，就連餐具、桌椅、製作方法、飲食名稱等物質層面和飲食觀念，都被他附加了情感色彩和精神的靈動。

例如：汪老眼裡的山東人酷愛大蔥大蒜，就算吃煎餅鍋盔[2]也離不開蔥。書裡講到一個幽默詼諧的故事：一對山東婆媳發生爭執，兒媳婦跳了井，兒子趕緊拿了根大蔥去井邊轉了一圈，媳婦就爬上來了。

原來，真正融入骨髓的飲食愛好，足以激起人的生存欲望，燃起心靈的無限意趣。

某次，汪老在山東工作間隙吃炸油餅，看到當地人吃油餅就蒜，他很詫異，吃油餅

2 鍋盔：陝西、四川一帶的特色小吃，以麵粉製成，類似饢餅。

哪有就蒜的！

於是，大家紛紛提議他試一試，汪曾祺好奇地拿起大蒜，果然，一口下去，那個味道似乎可以忘記前塵煩憂。後來的汪老，就喜歡上了吃蒜，他認為那是生活中最美的飲食趣味。

多年前，大學室友失戀後來找我玩。

那天，我帶著心情沉鬱的她吃了一頓老北京銅鍋涮，那是一家比較熱門的平價火鍋店，人特別多。我們擇一角落坐下，木質的吊椅讓人很舒心，透過落地窗可以看到樓下熙來攘往的人流。

我並沒有打算用蒼白的語言鼓勵她笑對人生，因為我知道，此刻唯有火鍋可以解憂。我倆面對面坐著，中間隔著熱騰騰的霧氣，一邊聊著天，一邊把菜放到鍋裡，看各色食材在鍋裡翻騰。我裝作無心地說：「你看，食材經煮沸翻滾後，忽然就有了一種成熟的色彩，吃下去時，不老不澀，剛剛好，我想，所有的過程，都是為了蛻變成最後的精采，一切都是剛剛好。」

她若有所思地看著我，泛起了我們見面後的第一絲微笑。那天晚上，我帶她看了宛若碧海藍天的水立方（北京國家游泳中心），聽了後海酒吧婉約悠長的民謠，吃了老北京胡同裡冒著麻醬香味的爆肚，還有嗞啦冒油的羊肉串，也吹了永定河畔溫柔的晚風。她說，一切的一切，都美好有趣得讓她宛如重生……

後來，我的生活中也出現了一些不開心的事，那一天她突然跟我說，來西安找我吧，我帶你去吃好吃的。

我不假思索，立刻飛過去，兩個人穿越西安城尋訪各種美食。在一處小吃攤上，我遠遠看到赫赫有名的臘汁肉夾饃，於是迫不及待地買來品嘗，正宗的陝西肉夾饃外皮是酥脆的，脆得掉渣，肉肥瘦相間，一點都不油膩。一口咬下去，那種嘎嘣脆的感覺，就像生活，乾脆俐落，有一股拿得起放得下的氣魄。

我倆一邊聊天，一邊咧嘴笑出滿嘴脆渣，這也許就是美食帶給疲憊心靈的最大樂趣吧。那天回來我PO了一則動態：肉夾饃的脆爽，羊肉泡饃的醇厚，在燈火闌珊的小巷中，這可能是浮世紅塵中最有震撼力的氣息，這也是那段時光中最生動而鮮活的記憶。

我想起了古龍說過的一句話：「一個人如果走投無路，心一窄想尋短見，就放他去菜市場。」

有美食的地方，就有最踏實貼心的煙火氣，那種莫名的舒服感，那種無盡的歡欣和意趣，為我們勾勒出的生活，是熱騰騰的，是有溫度和味道的。

撒一把人間疾苦，消散在美食滾燙的熱氣騰騰裡，就是最好的救贖。

在一壺酒帶來的微醺裡，搖搖晃晃，碎了失意，愛了世界

那些以酒會友的時光裡，沒有高低貴賤之分，打開升騰著酒香的瓶蓋，便能相識於江湖，相醉於江湖，酒逢知己千杯少，一杯下肚，那是情之所至的精采。

我們都是這世間的行客，匆匆而過時，便把歲月踩成了或悲或喜的模樣。這世間，有蒼白，也有絢爛，一切在於看風景的心境。世間從不缺風景，缺的是看風景的人。

「我見青山多嫵媚，料青山見我應如是」，有趣的生活意境從未走遠，是我們的心，在繁忙的塵世中，忘了山水，失了清味。於是，為了打撈意趣，我決定帶著大家，

溫一壺酒，在縱逸微醺間，開始與時光對飲。

李清照少女年紀心事重重時，「常記溪亭日暮，沉醉不知歸路，興盡晚回舟」，划著小船，就著月光，那一絲妙趣，心事便有了盛放之地。那一夜，又是心思沉鬱，幾杯酒下肚便沉沉睡去，隔日醒來，驚覺「昨夜雨疏風驟，濃睡不消殘酒」，那是怎樣的愜意，再煩惱的事，一壺酒，一場夢，還有那化不開的殘酒，都是最清雅寫意的時光。

熟悉李白的人都知道，他的仕途並不順利，但是因為有了詩酒流連的時光，縱然寥落，跌宕處也總有寄情之所。

左手酒杯，右手詩行，搖搖晃晃間，便走過了半個盛唐。「花間一壺酒」、「看花上酒船」、「酒傾愁不來」、「且須飲美酒」、「酒酣心自開」、「開顏酌美酒」、「樂極忽成醉」……這一盞盞酒杯，是他醉意中的意趣從容。

但凡舞文弄墨的人，總會借酒怡情。就像辛棄疾，縱使身上有股憂國憂民的氣質，但是他愛國，同樣愛酒，他一輩子在抗金的路上掙扎，有心護國，卻無能為力。他的快意愁苦，何以依託？

曹操說了，「何以解憂？唯有杜康」。於是，辛棄疾便有了「身世酒杯中，萬事皆空」、「午醉醒時，松窗竹戶，萬千瀟灑」的詞句，很多時候，一杯酒下肚，便盛得下世間萬種風情。

不信你看，那個在焦慮時吟誦「醉裡挑燈看劍，夢回吹角連營」的辛棄疾，也曾在品酒的無限意趣中，發現了「眾裡尋他千百度，驀然回首，那人卻在，燈火闌珊處」的爛漫柔情。所謂鐵骨柔情，大抵就是來源於這樣的生活意趣吧！

如果你問都市裡朝九晚五的上班族，疲憊之餘最有趣的生活方式是什麼，那一定是品酒的時光。有美酒的生活，就像咖啡遇見了糖，苦澀雜陳中忽然有了甜甜的甘醇，那段因為有了酒而點綴的人生，才有豪情滿懷的味道。

我的一位朋友就是其中之一。每當夕陽落下，他都會伴著夕陽邁出下班的步伐，白天的繁忙與夜晚的闌珊在輕鬆愉悅中交會。這時的他，會放下心裡的工作，約三五知己於酒館角落臨窗而坐。一壺酒，一段心事，邊飲邊聊，時間彷彿在這一刻靜止。或高談闊論，或吹牛裝酷，或開懷大笑，三分豪情，七分醉意，說不盡的瀟灑恣肆。

他說，朋友與酒，是盛放意趣最好的一隅。那些以酒會友的時光裡，沒有高低貴賤之分。打開升騰著酒香的瓶蓋，便能相識於江湖、相醉於江湖，酒逢知己千杯少，一杯下肚，那是情之所至的精采。人生偶爾需要瘋狂的感覺，才證明我們也曾年輕過。

或者乾脆在辛勞一天回到家後，將疲憊的身體丟在沙發深處，這時，他會靜靜地將滿腔心事在夜色中沉澱釋放，直到聆聽到自己內心的聲音，找回最初的靜謐。繼而站起來，炒一盤小菜，就著昏黃的燈光，在溫暖得彷彿可以忘記前世今生的房間裡，在這個此刻只屬於自己的小世界，坐在桌子前，抿一口甘醇的清酒，此時的自己，已然就是自己的國王……

●●●●●

聽著朋友的故事，我想起了小時候。那時，經常看到父親吃飯時，一個人端著一杯白酒，喝得津津有味，下酒菜也只是一盤花生米。母親在一旁不解其中味地嘮叨著：「一個人有什麼好喝的。」父親嘿嘿一笑，帶著滿足的笑容一飲而盡，繼而閃著狡黠的眼神說道：「妳們不懂。」長大後，經歷多了，終於明白了父親獨飲的樂趣。

每當結束了一天繁忙的工作，我便回到家，做幾份小菜，為自己倒一杯紅酒，再為老公倒一杯白酒，一邊漫無目的地閒聊，一邊細斟慢酌，一顰一笑間，一天的負擔隨著蔓延的酒香升騰飄散。酒足飯飽後，我們依然會端著高腳杯，靜靜地坐在各自的角落裡，看看書，看看電影，那日子，便是清風明月。

如果因為工作繁忙懶得回家做飯，我們就會在家的附近找一個小飯館，在靠窗的位置落座，看著窗外的夜色闌珊，繼而幾樣小菜，一盞小酒，在城市的一隅，用酒過腹暖的情調，來驅散生活的寒意風霜，品讀著真正的「人間有味是清歡」。

正如古龍曾說過的：「其實，我真正愛的不是酒，我愛的也不是喝酒的味道，而是喝酒時的心境和情趣，還有喝過酒的歡愉和趣味，這種氣氛只有在酒的乾坤裡才能釋放。酒，醞釀而出的是一種怡然自得的心情，是在縱逸微醺間與時光對飲的豪氣。」

這份豪氣，放逐了煩惱，昇華了格局，於是，我們便可攬月乘風，躍馬揚鞭，以勝利者的姿態，在或溫暖或清冷的春風裡，無限旖旎。

•••••

就像我們都熟知的陶淵明，作為一個來自東晉末年的隱士，他必須要去承受那個紛亂的年代下，更為孤獨無助的境遇。

官場的跌宕起伏，讓他無奈，直至絕望。有一天，他看懂了江水東去，繁花凋零，學會了用清雅的酒意情懷，點綴在寬闊的天地間。於是，他逃了出來，帶著生活的無限意趣，抵達了狂歌五柳的安寧田園。春耕、秋收、南山、黃昏、飲酒……安貧樂道間，他是在用這種更為劍氣如虹的力量，與那個紛亂的世界對抗。

某次重陽節，他在黃昏中的庭院裡獨坐。東籬前的菊花開得正旺，卻無酒可飲，正不知所以然之際，忽然好友王弘帶著酒及時趕到。於是便有了〈己酉歲九月九日〉裡的那句「何以稱我情，濁酒且自陶」，有什麼可以使我稱心愉悅，一杯濁酒喜相逢，多少心事，都在這杯酒趣中，付之笑談。

讀過陶淵明詩文的人都知道，他本不會撫琴，但每次朋友相聚，他卻「撫而和之」，這也是他內心的意趣所在。手中無琴，心中有琴，萬物皆是琴，興之所至，撫而和之，是一種灑脫逍遙的意境。而且，凡是前來拜訪的人，不論貴賤，他總是熱情款待，觥籌交錯間言盡人間快意。

他若有了幾分醉意，便會心直口快地告訴客人：「我醉欲眠，卿可去。」意思是，我已經醉到昏昏欲睡了，你們可以回去了。這就是他的直率可愛之處，李白特別喜歡他這句話，於是便寫了〈山中與幽人對酌〉一詩，詩句改為「我醉欲眠卿且去，明朝有意抱琴來」，那時的李白腦海中浮現的，一定是有趣的陶淵明，和那把有趣的無弦琴吧。

還有一次，朋友前來拜訪，看到他正在裹著頭巾釀酒，一邊釀一邊嗅著眼前的酒糟，一臉的滿足。隨即他忽然從頭上摘下頭巾，饒有興致地篩著酒，篩完又若無其事地將頭巾戴在頭上。那不拘小節、天真爛漫的樣子，儼然就是一個心無塵埃的孩童……

在離世時的〈擬挽歌辭〉裡，他曾寫道：「但恨在世時，飲酒不得足。」他希望帶著一生最美的樂趣離去，就像他活著的時候曾經那樣深愛這個世界一樣。

是的，他曾經那麼有趣又炙熱地愛過這個世界。

酒，醞釀而出的境界是：在一壺酒帶來的微醺裡，搖搖晃晃，碎了失意，愛了世界。這也是每一個在這個世間有趣的靈魂，共同的心聲……

一盞清茶，烹散身後的焦躁，烹醒身前的歡喜

人生苦短，與其爲「魚躍於淵」而奔波累心，不如偶爾捧茶而坐，享受那一刻茶香繞梁裡的閒趣人生。

我們這一生，走得太匆忙，彷彿不停旋轉的陀螺，不敢有一刻停歇。咬緊牙關，用微笑抵抗內心的悲傷，用快樂掩飾滿身的傷痕，我們在這見物不見「人」的現實世界，找不到真正的樂趣。緊張匆忙、煩躁不安、憂心忡忡、患得患失，是生活的主旋律。奔波只為活著，活著只為奔波，最後卻忘了這一生究竟該怎樣活著。

忙著生存，淹沒了生活；尋找物質，丟了精神；為了別人，苦了自己；想著遠方，忘了沿途的風景……

人生苦短，不如且行且慢。偶爾，讓靈魂停駐，為它尋一處安放的空間。那麼現在，讓我們在人世紛擾處，得一盞清茶，抵十年塵夢。

看過魯迅的散文〈喝茶〉，在他看來，色清而味甘，清苦而微香，是最好的茶味，但要讓好茶喝出趣味，就要在靜坐無為的時候。某次寫作中途，他匆忙中順手拿起隨意一喝，茶中的嫋嫋清味居然在無聲無息中被喧囂的氣氛壓了下去，真是白白浪費了茶的真趣。

放下繁雜喧鬧的塵事，喝一杯茶，品一段嫻雅，是一種「清福」。不過要想在浮世中窺見茶裡的「清福」，首先就須深諳生活的平衡之道。

就像魯迅說的，如果你正處於某種水深火熱的焦躁狀態下，就算在喉乾欲裂的時候，那麼，即使一杯蘊含著天地草木精華的香茗擺在眼前，恐怕喝起來也未必覺得這和普通的熱水有什麼區別。

茶，是沉澱之物，需要品味的就是一種閒趣。於見物不見「人」的現實世界裡，帶著那一方靜謐的心境，帶著那一抹澄淨的心思，便可以在「品茶見真味」時找到靈魂的

安放之處。

喝茶，喝的是一種歷程。那是我們都走過的一段漸行漸遠的路，一路艱辛，一路堅持，於歲月中，看滄桑變幻，看煩惱如風。這時，如果能在洗盡鉛華後進入一杯茶中，就一定會在那種清味中感受到歲月的靜謐悠長。

一道水，二道茶，在辨水煮茶的意趣中，我們可以在茶味的變幻中，感受苦盡甘來的韻味，唇齒留香間，這何嘗不是對人生的玩味，也許喝著喝著，就會忽然想明白很多事情。人生苦短，與其為「魚躍於淵」而奔波累心，不如偶爾捧茶而坐，享受那一刻茶香繞梁裡的閒趣人生。

看過《晉中興書》中的一個故事，東晉官員陸納在擔任吳興太守時，某次得知謝安要來拜訪。謝安在當時可是有頭有臉的大人物，政治名家，出身名門望族。當天，陸納便備好茶點，迎接謝安的到來。

哪知陸納的侄子陸俶，對叔叔的心意十分不解，心想，謝安何等人物，登門拜訪，只備簡單茶點，豈不是太過輕慢？於是，便自作主張，偷偷準備了豐盛的酒席。謝安前來拜訪時，陸納端上茶，本打算以高雅的清茗會友，結果他的侄子竟擺上了一桌美食。

謝安離開之後，陸納氣憤地打了侄子四十大板，稱其「穢吾素業」。意思就是，我喝茶喝的是意境情趣，你為什麼要玷汙我清高的名聲。

我想，陸納應該是了解謝安是一個淡泊名利、寄情山水的人，所以他希望可以在宦海浮沉的喧鬧中，與謝安這一風流雅士，坐下來辨水煮茶，體會那一份怡情自樂、心思澄澈的清淨。這就是茶的喚醒之意。

就職於外商公司的他，工作非常繁忙，喝茶這種事情，在他看來是一種浪費光陰的奢侈行為。忙的時候，他就連熱水都沒時間喝，就更別說喝茶了。

直到有一天，他看到新來的同事，總是能在百忙之中，抽出幾分鐘的時間，端著茶杯優雅地品茶。茶杯裡那上下翻滾的綠色茶葉，彷彿春風吹過樹葉時搖曳生姿的輕柔姿態。於是，他便有了心動的感覺，終於在週末精挑細選買了一組茶盞，試圖為自己的繁忙生活注入一絲趣味。

可是，內心被工作的焦慮牽絆的他，每次泡好茶後，一邊低頭對著鍵盤打字，一邊拿起杯盞一飲而盡，從未喝出茶的清雅味道。漸漸地，喝茶這件事，對他來說真如雞肋一般，食之無味，棄之不捨。他認為，喝茶對於他這個繁忙中早已遺忘了生活樂趣的人來說，簡直就是暴殄天物。

直到那天，他經歷了一次失敗的談判。他把客戶約到飯店，一邊吃飯一邊談合作，他很清楚所有的談判都有意見相左、各持己見的時候。

所以，起初他和客戶也曾試圖在彼此的對峙下各讓一步，但是隨著談判的深入，大家開始互不相讓，直到針鋒相對、不歡而散。

於是在同事的建議下，他決定下次選在茶館談判。後來，他與客戶相約喝茶，落座後，他們沒有直奔主題，而是看著茶藝師，備茶、選水、燒水、溫具、置茶、沖泡、倒茶、奉茶……邊看邊散漫地閒聊，漸漸地，他們開始靜下心來，聽茶藝師講述著茶的前世今生，用一份鬧市裡的閒情，去體味茶葉所經歷的清風雨露，就像在感悟著人生中所走過的每一段流光歲月……

也許是辨水煮茶的意趣，沖淡了生意本身的浮躁；也許是那一盞白瓷碗裡淺淺的綠色，滌蕩了內心的焦灼；也許是在簡單的茶中，品出了靈魂深處最本真的趣味，那一次，他們的談判輕鬆而愉悅。這也許就是茶中清而淨的力量吧。

從此他便愛上了喝茶。每當緊張匆忙、煩躁不安、憂心忡忡的狀態出現時，他就會邀上三五知己，找個茶館，圍坐在一起。聽著輕鬆的音樂，收斂鋒芒，卸下偽裝，泡一壺茶，帶著內心的澄澈，看暈染了天地之精華的茶葉，在熱氣氤氳中，滌蕩著內心蓄積已久的凡塵汙垢。

很快地，他和好友便在茶香瀰漫中高談闊論起來，相同的人生境遇，共同的生活經歷，讓彼此都心照不宣。茶是清心地喝，話是敞開了說，那種傾心暢談的趣味，儼然是一種身心的休憩和回歸。想必，他整裝待發再上路時，依然是一腔熱血，滿腔孤勇。

有時，他也會獨自一人，在茶館找一個安靜的角落，坐在那兒看向窗外。看著城市裡的車水馬龍、看著青春活力的少男少女相伴而過、看著人們低著頭匆忙向前……彷彿在看著自己的曾經，那些奮不顧身的歲月，那些為了夢想不遺餘力的努力，那些每一個哭了又笑、笑了又哭的時光……在這茶味縈繞的意趣裡，所有已知未知的時光，都已變得雲淡風輕，一切都是那樣的自由和舒朗……

他說，因為有了茶，生命便有了依託。

我想到了《道德經》裡說過的一句話：「光而不耀。」這就是說，生命不能太耀眼，也不能太浮躁，更不能太喧鬧。偷得浮生半日閒，在喝著清茶的日子裡，看細水長流、看月朗星稀、看碧水天涯、看心思澄澈後的清晰長路……

品茶，是一場靜默的狂歡，身在其中，可以體會相遇的緣分、整理紛亂的心緒、品味自己的人生，喝著喝著，便喝出了那份清醒的了悟。

一盞清茶，足以烹散身後的焦躁，烹醒身前的歡喜。

讓熱愛不遺餘力，讓浪漫向陽而生

這一生，我們不缺拚盡全力的口號和毅力。缺少的，卻恰恰是拚盡全力之餘的那一點「好玩兒」[3]的意趣；缺少的，是點綴了沉重生命的閒情雅致。而那些饒有情趣的小小愛好，如渾濁泥沙裡注入的一汪清水，忽然就在生命中漾起了歡欣的波浪。

我的讀者群裡最熱的話題，是關於如何在人生百分之九十八的繁忙中，抓住那僅存的兩分樂趣？

3 好玩兒：能引起他人興趣、有趣。

的確，我們這一生，不缺拚盡全力的口號和毅力，缺少的，恰恰是拚盡全力之餘的那一點餘力裡，點綴沉重生命的清雅趣味。我們這一生，要承載太多的價值和責任，那些社會角色裡的競爭規則、那些家庭義務裡的感情牽絆，總是如絲如麻地纏著我們的心，讓我們的靈魂一刻不得閒地咬著牙向前狂奔……

但是，總有那麼一些饒有情趣的小小愛好，如渾濁泥沙裡注入的一汪清水，忽然就在生命中漾起了歡欣的波浪。當靈魂對它視而不見時，它便如指縫間的細沙般匆匆流走。而當你在喧囂世事中稍作停留，於驀然回首間，於觸手可及處，那一點帶著趣味的小愛好，便成了燈火闌珊處的一隅溫柔鄉。

作家汪曾祺說：「人活著，一定要愛點什麼。」其實，那些熱愛，不過是為了讓心在繁雜的世界找到一處心靈棲息地，在周而復始的平淡日子裡發現生活的新意，在歷經生活飄搖後依然熱愛生活，與時光對飲。

在汪老的生活裡，無論多忙，都不會失去意趣盎然的清味。喝酒、品茶、聽曲、寫文、鑑賞美食，人生唯有盡歡，生活才好玩。所以在汪曾祺純澈的眼神裡，世界百態，包括人生顛沛處，都有好玩的東西。

如果你讀過汪曾祺的作品，就會知道，他筆下的民俗世態，均被他演繹得妙趣橫生。讀著讀著你會發現，不是世界呈現給每一個人的樣子不同，而是每一個人看待世界的眼光不同。

在汪老的眼裡，那些市井民俗文化，都是有語言有表情的精靈。喝茶聽曲、草木魚蟲，就連遛達散步，都是生活細節處最有情趣的生活形態，而且每一種形態都是一件精美的藝術品。

比如：在那個物資匱乏的年代，能夠把玩的東西不多。他特別喜歡踢毽子，但是從來不會踢買來的毽子，都是自己親自動手製作。在他看來，毽子的材質一定要用活雞的毛，這樣做出來的毽子才有靈動的氣韻，踢起來時人和毽子才會神采飛揚。

而踢毽子也是有講究的，有著自己特有的動作，比如轉、繞、舞等。沒有看到汪老的文章前，我覺得踢毽子就是一項娛樂運動，看過之後才明白，原來只是這麼日常簡單的一件事情，就可以被一個有趣的人刻畫成如此饒有情趣的模樣。後來我每次在踢毽子時，都會覺得這是一件特別好玩的事情。

了解汪曾祺的人都知道，他一生歷經無數苦難和挫折，也遭受過各種不公正待遇。只不過，即使是風雨如晦，他依然是那個快意從容的汪曾祺，用曠達灑脫的風骨，創造了詩意的文學人生。汪曾祺喜歡畫畫，歲朝清供是他最青睞的畫風，所謂清供，指的是一種民俗，是一種春節時用來擺放在案頭的清雅之物。

這些清雅之物一般都是一些品性高潔的花，比如水仙、蠟梅等。當然這是富貴人家才用得起的花，於是，那時的汪曾祺，便用蘿蔔做成「清供」，就是將蘿蔔削空，在空的蘿蔔裡栽下蒜頭，固定好後將其掛在臨窗的位置。

每當微風吹過，淡綠色的蒜葉和泛著粉紅色光澤的蘿蔔，在風中搖曳翻飛，看上去清新唯美。汪曾祺就這樣坐在窗前，以雅致之趣看歲月靜好。

這就是汪曾祺的世界，一草一木皆有生活趣味的世界。汪曾祺用他的故事告訴這個世界：其實，無論生活如何悲歡起落，那些情懷和快意，卻從未離去，就看世事喧囂處，我們的心是否玲瓏剔透，是否可以照出生活的閒情雅致。

讀到梁啟超的〈人生拿趣味做根底〉時，其中的一段話深深地觸動了我：有人問梁啟超，你信仰的是什麼主義？他說，是趣味主義。又有人問他，你的人生觀是以什麼做根底的，他便答道，用情懷和愛好的趣味做根底。

於是，在梁啟超的世界裡，根本不存在憤世駭俗的字眼，在他眼裡，任何事情都是津津樂道的存在。就算挫敗，他也會在挫敗裡以瀟灑的風骨，靜靜地看過關河日月。那是在生活「好玩兒」的情懷和愛好裡，一點點如大浪淘沙般的心境沉澱，而俯身撿起來的，都是快樂的餘味。因此，儘管梁啟超也在奮不顧身地努力奔跑，然而卻從不覺疲倦。精神上的快樂，完全抵得過世事滄桑蕭索……

就像我曾經的同事，如這個時代所有的人一樣，過著單調乏味、朝九晚五的生活。而他看起來卻總是精神飽滿，笑意盈盈，不知道的人，都說他是在用光鮮的狀態掩飾內心疲憊。了解他的人卻深諳他的修身之道，就是不斷以自己的情懷和愛好，填補所有的閒暇時光，或書法，或美食，或品酒，或繪畫，或垂釣，或研讀國學，或鑽研養生……

每年他都會給自己一段旅行的時光，在悠悠天地間，看匹馬天涯、看煙雨輕舟、看快意湖山……日積月累，因為愛好趣味的浸潤，他的精神和靈魂也有了一份廣博深遠的氣度。於是，後來的他，因為從容淡定的處世態度，和見多識廣的獨特個性，贏得了屬於自己的精采人生。

他是我一個朋友的舅舅，五十歲那年查出了癌症，在別人眼裡，這樣的境遇想必是全世界都坍塌了，而他卻不以為然。

大家本以為，他的人生會在化療裡消磨殆盡，可是他卻在常人難以企及的好心態下，開始了他好玩兒的人生：書法、攝影、畫畫、品茶、唱歌、朗誦、騎馬、打球、圍棋、旅行、登山、隱居、養花種草、瑜伽、打坐、陶藝、烘焙、印染、讀書、寫作等等，這些美好的生活元素，像盛開在荒野裡的花，在他的生活中綻放出歡快的馨香……

原本他的性情裡，就有一種豪放不羈的氣韻，這樣的人，又怎麼會被無常的世事牽絆。歲月意趣在手，傲然灑脫於心，已經足夠。他說，反正生命已經不知今夕未來，不如把自己喜歡的一切新鮮好玩的事情，都發揮到極致，也不枉來這人間一遭。

於是，他做的第一件事，就是帶著同樣心有意趣的妻子，來到憧憬已久的加勒比海，他們穿著熱褲比基尼，秀性感海灘肌肉照，玩海盜大戰……那瘋狂恣肆的樣子，讓年輕人都望塵莫及。

他癡迷攝影帶來的樂趣，為了拍出世間萬種風情，每走過一處秀水青山，他都會細細研究每一處景致的各種形態，有時為了拍日出日落，他會站定等待，用整整一天的時光來捕捉生命中最美的那一瞬。有一次，為了拍一朵在懸崖處延伸的雪蓮花，他差點墜落山崖。每當說起這段故事，他都會幽默地笑著說：「如果真的墜崖，那一定是生命中最燦爛的墜落……」

他享受著山居的樂趣，那一年的春節，他回到家鄉農村，把父母留給自己那閒置許久的房子徹底翻新。那時，他儼然就是一個不聞世事的農人，刨木修枝、和泥抹牆、搬磚搬瓦。每當幹活累到無力時，他滿臉塵土地回頭，看向戴著頭巾、正彎著腰撿柴做飯的妻子，而妻子也心照不宣地抬起頭，那一刻，他們相視而笑……

如今，連他自己都忘記了自己是一個癌症患者，他只知道，他一直在屬於自己的快意人生裡，極致而有趣地活著。

由此，我不禁想到了雜交水稻之父袁隆平。袁隆平把游泳看作自己一輩子的愛好，在他看來，愛好是乏味生活裡的一束光，儘管科研工作十分繁忙，他天真爛漫的童心卻始終無法被淹沒。因此，心有意趣的他，總是能把生活過得風生水起。

為了慶祝他和妻子的新婚之喜，袁隆平突發奇想，在月上柳梢頭的夜晚，拉著妻子的手去河裡游泳。月色如水，夫妻二人如一對翩然暢遊的鴛鴦，在沾染了月色的碧草間穿梭，那種愜意自如，彷彿能抵禦世間萬千煩憂。

除了游泳，袁隆平還非常熱衷於打輕排球（Light Volleyball），於是，大家總能看到身材瘦削的他，在球場上生龍活虎地奔跑跳躍，陽光照在他浸著汗水的側臉，反射出一道燦爛光芒，這道光足以點燃他對科研工作的激情。我想，如果沒有這些好玩兒的愛好薰染，那粒生命的稻穀，也不會在陽光下迎風搖曳，熠熠生輝。

有趣的人，是這個世界的一束光。就算世事依然繁雜喧鬧，他就在那裡，用自己的光和熱，靜靜地愛著時光，靜靜地照亮著自己，也照亮著別人。

第8章

帶著冒險的衝動，行走在「放浪形骸」的熱帶火花裡

那些很冒險的夢，是覆蓋式的快樂在俗世外擴散

循規蹈矩、隨波逐流的狀態，讓生活失去了最初的期許和趣味，甚至把曾經的夢想都磨蝕得面目全非，讓心靈在本該如夏花般怒放的大好年華，活成了卑微而蒼白的模樣。倒不如乾脆重置那些食之無味、棄之可惜的生活，找回自己最初的夢想，把眼前的每一天活透活夠，才是王道。

她是一個讓人羨慕的姑娘。她膚白貌美，冰雪聰明，家境優越，博學多才……女孩羨慕的所有優越條件，統統被她集於一身。

從小渾身散發光芒的她，就是無數人目光圍繞下的完美女神。這樣的她，本該是資本在手，傲然於心的。

可是，她並不快樂。她說，她的生活沒有樂趣。一直以來，書香門第的家庭觀念，將她的身心桎梏在完美的框架裡，沒有盛放的少年時光，亦沒有豪放與自在的青春體驗，有的只是那些教條裡不可翻越的陳腐規矩。

她說，她特別羨慕那些走路帶風、灑脫不羈的人，她也希望自己可以在策馬江湖的恣肆裡，看盡「吟鞭東指即天涯」，看盡那些心中期盼了許久的冒險夢。

後來，她開始跨越規矩的藩籬，一點點接近自己憧憬已久的模樣。

她試圖舒展以最淑女的姿態保持了許久的肢體語言，帶著幾分俏皮的誇張，在每一個朝氣蓬勃的日子自由馳騁；她試著脫掉標誌性的女神裝束，穿上個性張揚的奇裝異服，渾身輕快地走在路上；她卸掉了塗滿各種化妝品的妝容，一束馬尾，一張素顏，連笑容都是清澈的……

那是怎樣的豪俠之氣，帶著狂放不羈的靈魂，走在輕盈如風的路上。她說，有趣人生需要的東西真的不多，帶著衣帶如風的自己，恣肆地殺入紅塵，依稀可見心底那些從未忘記的初心，就很好。

這是她想要的人生，我想，這也是我們都想要的人生。

我曾經在讀者群裡做過一項調查，是關於大家如何看待循規蹈矩的生活，讀者們寥寥數語，道出了每個人深藏心底的心聲。於是，我把大家的想法，寫進了故事裡。

有人認為，如果非要問循規蹈矩的生活有什麼不好，其實現實中的每個人都是在按部就班的生活中走過來的，只是太安穩的生活總感覺少了一些樂趣，覺得人生短短幾十年就這樣度過，實在是太虧了，那些無波無瀾的生活，也許會成為多年後的遺憾。

讀書時，拚了命地為自己考個好學校；工作後，又拚了命地想要謀個好職位；結婚後又忙於經營家庭……這樣的輪迴循環，確實是很多人的生活狀態，是一輩子的人生縮影。有點麻木，又有點無奈，最後也只能隨波逐流。

有人認為，生活總要有那麼一些時刻，是應該在走路帶風的策馬江湖裡，看那些曾經很冒險的夢，做一些這輩子想做，又一直沒勇氣去做的事。

比如，離開現在墨守成規的生活，換一個生活環境，去到一個陌生卻喜歡了很久的城市，開始一段全新的人生；比如，離開那個依賴很久又不愛自己的人，離開一段不開心的情感，重新找回那個獨立自信的自己，活回那個瀟灑走天涯的自己；比如，去做一件期待了很久卻沒有太大把握的事情，也許做了以後不一定成功，但是此生一定不再有遺憾，不計結果，只在乎追夢的酣暢，就是愜意人生……

也有人說，循規蹈矩、隨波逐流的狀態，讓生活失去了最初的期許和趣味，甚至把曾經的夢想都磨蝕得面目全非，讓心靈在本該如夏花般怒放的大好年華，活成了卑微而蒼白的模樣。

倒不如乾脆重置那些食之無味、棄之可惜的生活，找回自己最初的夢想，未來會發生什麼，無人知曉，把眼前的每一天活透活夠，才是王道。在某個適宜的日子裡，放下人世煩擾，收拾行囊，走在那些隨心所欲去冒險的路上，試試自己的極限到底在哪裡！

其實，人生不過是一場流浪，不斷追逐、不停輾轉，與其焦灼地跋山涉水，不如大

刀闊斧地劈開焦慮，任身心遊走在激情澎湃的路上，至少可以給逼仄的生活一處海闊天空的靈魂棲息地。

說到這個話題，我想到了「當壚賣酒」的卓文君。

卓文君可是個奇女子，一生不按常理出牌，尤其是對待愛情和婚姻，在那個男尊女卑的時代，她完全能夠掙脫封建禮教的束縛，過自己想要的生活，為自己的人生翻越那堵循規蹈矩的牆，就算那是一場冒險，她也願意狂放不羈，恣肆天涯。

她是西漢的才女，出身富甲一方的家庭，其父親是四川臨邛的大商人。卓文君不僅姿色出眾，而且才華橫溢，精通音律，善彈琴，這樣的女子，按照當時的封建禮教，本該是大門不出二門不邁的千金大小姐。可是卓文君卻不願意在墨守成規的生活裡，以無趣的生活方式度過自己的一生。

都說紅顏薄命，卓文君按照封建禮教嫁人後，丈夫意外過世。她是個聰明女子，她知道，身在浮世人海，落花流水、不停輾轉，是生活的常態。後來她便以最坦然的心態回到娘家生活。

只是，命運在敲擊一個人的時候，也不忘記給一個人鋪設滿路芳菲。後來的卓文君遇到了司馬相如。司馬相如是西漢文學家，有趣的女子，與有趣的男子在一起，必然會擦出電光石火的激情。

卓文君真是一個饒有情趣的女子，那個時代女子的三從四德，並沒有囚禁她縱馬天涯的心性。寡居的女子又怎樣？父親不同意又如何？不知道兩人未來的路在哪裡又有什麼可怕的？浮生如夢，與其畏首畏尾，不如酣暢淋漓地來一場冒險，也算不枉來這人間走一遭。

於是，她決定與他私奔，他們來到司馬相如的家鄉，成都。那個時候，他的家中一貧如洗，為了謀生，她決定和他一起開一個酒館。卓文君當壚賣酒的傳奇故事，便由此上演了。店鋪開張的那一天，她布衣布裙布頭巾，略施粉黛，一臉笑意盈盈。他站在身後，打掃貨架，她回頭，他抬頭，兩個人俏皮地朝對方眨眼睛，吐著舌頭，無限情趣便在小小的酒館悄悄蔓延開來。

在最平淡的日子裡，他們從不在意別人的眼光，日子是自己的，和他人無關。一個心有意趣的人，從不會為了橫平豎直的規則，而委屈了自己的生命品質。那些日子裡，卓文君負責賣酒，司馬相如負責其他雜事，兩人硬是在那個時代人們不理解的眼光下，把店鋪經營得有聲有色，把日子過得熱鬧繽紛……

那些很冒險的夢，真的可以在覆蓋人間疾苦的同時，點燃一束快樂的花火，讓原本黯淡的人生剎那間風生水起。

如果你打開抖音，搜尋「星光村小飛」，就會發現他。他是河南的一位普通農民，卻過著常人難及的生活，他就是抖音坐擁九百多萬粉絲的王龍飛。從廚師到保全，再到公司老闆，直到後來在巴基斯坦當上了村長，一路走來，他帶著衣帶如風的自己，瀟灑地殺入紅塵，讓那些很冒險的夢以覆蓋式的快樂，在世俗的框架外擴散。

最初，在南下廣東開飯店的那段日子裡，愛冒險的王龍飛在短短時間內就賺了近百萬，隨後他和朋友投資開了一家公司。老天不會辜負每一個帶著夢想上路的人，成功後，曾經對他冷眼相看的朋友，如今也都變成了笑臉相迎。

本以為人生已經達到巔峰的王龍飛，卻迎來了人生的低谷，這年，王龍飛的公司因為經營不善瀕臨破產，從百萬富翁到身無分文，這種巨大的落差感讓他萬念俱灰。然而生活固然跌宕起伏，日子總是要過下去的。愛冒險的浪漫情愫在王龍飛的精神深處如熊熊烈火般燃燒著，於是經過多方諮詢，他決定飛往巴基斯坦展開自己的尋夢之旅。

剛到巴基斯坦，身在異國的陌生感讓王龍飛一度無所適從，喜歡挑戰的他選擇了在中餐廳打工，那時正趕上巴基斯坦開展「一帶一路」，其中有一個專案就是扶貧。王龍飛在運送扶貧物資時第一次見到了當地的貧民窟，只見搖搖欲墜的帳篷裡，躺著幾個面黃肌瘦的小孩，他們衣著襤褸，目光晦暗呆滯，看到王龍飛提著物資，孩子們就會馬上圍上來，用楚楚可憐的目光望著他。

王龍飛心疼地摸著孩子們瘦弱的肩膀，把食物逐一分給他們，看著孩子們狼吞虎嚥食物的樣子，他忽然覺得自己曾經所承受的人間疾苦全然不值一提，而且能夠為這些孩子盡一點綿薄之力，他內心的快樂感和滿足感也在精神深處慢慢升騰。

後來，不願被世俗束縛的王龍飛又做起了玉石生意，一時間，他的生意做得如火如荼，但是，善良的他依然會自掏腰包，去貧民窟做義工。就在中國短影音平臺興起時，他成了一個快樂的自媒體人，開始一段瘋狂的網路之旅。

在之後的兩年裡，王龍飛不僅會在抖音平臺和粉絲們分享自己樂觀生活的信念，還堅持定期捐贈物資給貧民窟的人，偶爾他也會直播貧民窟的生活，這不僅為這些貧民注入了快樂生活的源泉，而且也讓更多網友看到了世間疾苦裡最溫柔美好的一面。

王龍飛替這個貧民窟小村莊取了一個很溫馨的名字：星光村，村民們還一致決定讓王龍飛做村長，因為在他們看來，王龍飛就是為他們帶來快樂和希望的一道「星光」。這就是王龍飛的快意人生，這段人生不僅讓他活得風生水起，而且也照亮了更多的人。

跨越千年，從西漢的卓文君，到如今的王龍飛，他們都是這俗世紅塵中最平凡的人，卻總是能在走路帶風的肆意揮灑裡、在那些看似很冒險的夢裡，把手裡的每一張壞牌，統統逆襲成一副有趣又生動的好牌。

也許他們並不完美，可是他們的人生卻是有趣而飽滿的；也許他們並不成功，但卻是一個不折不扣的冒險家。因為他們明白，人生跋山涉水，未來深不可測，與其循規蹈矩、黯然一生，不如臨風長嘯、飲馬江湖，才是真正的快意人生。

如今的我們，看過他們的故事，是不是也有了幾分忙碌喧囂中的飄然情懷，也願意試著偶爾走出逼仄的空間，去開啟一場做了很久，又一直不敢去追逐的「很冒險的夢」？無論愛情、婚姻、工作，還是生活，我們都需要偶爾走路生風、飄然塵外放浪形骸一次。讓那些很冒險的夢，帶著覆蓋式的快樂，在世俗的框架外擴散。

若蒼白成為重大過失，「放縱」便是最大刀闊斧的救贖

我們一直身在其中，被流年的絲，囚困拘禁其間，沒有一刻可以放開手腳，偶爾添加一段逍遙的時光，爲蒼白的生活，擦亮一抹「放縱」的絢爛色彩。多想在那樣一段放縱的時光裡，去觸摸生命原本應有的妙趣橫生。

我們無數次提到的，都是關於這個時代的「匆忙」。

我們也似乎習慣了這種匆忙，從南到北，從東到西，從清晨到日暮，從潮起到潮落，人生就像是永遠沒有盡頭的圓圈，我們被迫在其中旋轉，直到麻木，繼而蒼白。

蒼白，是這個匆忙的時代最終的影像，呈現在生活的底色裡，伴著每一個拚命的日

子，孤獨前行。這個世界，如果說蒼白，蒼白裡便是日光之下的無盡喧囂；如果說燦爛，那一定是這一路上偶爾的意趣「放縱」。

這個世間缺的不是風景，而是看風景的人。小橋流水、細雨斜陽，並未疏遠世間之人，只是我們在追逐名利的路上，遺失了詩意、忘卻了趣味。

身在浮世紅塵中的我們，是不是都有這樣的感觸：我們的生活就像一張網，層層疊疊，覆蓋在年復一年追逐忙碌的時光裡，糾纏成厚重的繭，套住疲憊不堪的心。我們身在其中，外界的壓力層層疊加，裡面的自己又不停地如蠶般，吐出更多的絲。於是，裡外夾擊的負荷，讓身心越纏越緊，如箍在孫悟空頭頂的緊箍咒，隨著一聲聲世俗的咒語，被束縛到頭痛欲裂，不得翻身。

我們一直身在其中，被流年的絲，囚困拘禁其間，沒有一刻可以放開手腳，偶爾添加一段逍遙的時光，為蒼白的生活，擦亮一抹「放縱」的絢爛色彩。

多想在那樣一段放縱的時光裡，去觸摸生命原本應有的妙趣橫生。

想必，這是每一個經過繁雜世事之人都有的心聲吧。於是，「救贖」這個詞，便成了現代人心底的訴求，於是，便有了「世界那麼大，我想去看看」的吶喊，也有了「讓我們一起逃離北上廣（北京、上海、廣州）」的呼聲。直到最後，當我們聽到「離開北京兩年後，我悔不當初」的返潮聲音時，才發現，原來遺失了心靈意趣，逃到哪裡都是枷鎖，躲到哪裡，都躲不過風雨未央。

穿越千百年，來到古時歲月，那裡的人們，學文習武，修身齊家，治國平天下，為仕途勵精圖治，這是那個時代的每一個男子都想走的路。他們所承受的時代壓力，不亞於現在的我們。

可是數百年前，偏偏有那麼一個人，不願拘泥於蒼白的社會體制，衝出時代藩籬，用「放縱」的姿態，為我們演繹了妙趣橫生的靈魂應有的模樣。他就是清代著名詩人袁枚。他用他的一生告訴我們，流年掠影，其實沒那麼多身不由己和迫不得已，不過是為

了醉心雲水、快意平生罷了。

袁枚出身書香門第，在那個崇尚功名仕途的年代，天資聰穎的他，還算功名順遂。

他十二歲中秀才，二十三歲中進士，進入翰林院做庶吉士，而這原本是仕途壯志凌雲的開始。但天性縱逸恣肆的袁枚，在官場的權謀伎倆中幾進幾出，終是因為不羈的天性受不了世俗桎梏，展開了他別具一格的處世方式。

清朝明文規定，翰林院的庶吉士，一定要滿漢知識面面俱到，這也是能留在京城當官的前提。袁枚不喜歡滿文，以他的性情，又不會趨炎附勢，儘管當時的他和現在的我們一樣，也願意竭盡全力做好自己分內之事，但不同的是，他縱逸的性情讓他始終無法屈尊於自己不喜歡的事情。由於堅持不用滿文作詩賦文章，最後他被外派到江南做了個小知縣。

還有，官場的禮儀規則太多，除了三跪九拜，就連參拜時的字帖，字跡大小都要嚴格規定，不然就是不敬。以袁枚的性情，他只願以凌雲之筆，畫出世間煙雨斜陽。如果這種束縛讓他不快樂，那麼他一定會選擇另一種可以炫亮生活趣味的方式去取悅自己。

於是，在三十三歲那一年，他選擇了辭官歸鄉。

那一處安身之地，是曹雪芹祖上的大觀園。這處園子其實並不是世人眼裡的風水寶地，在曹家手裡被抄後，又在另一家姓隋的手中沒落，想來在人們眼中必是不祥之地。可是，看著這座荒蕪的院落，不拘一格的袁枚卻著實動了心。

於是心性曠達的袁枚，為它取了一個饒有趣味的名字，叫「隨園」。有趣的人生，就應該是隨心而為，縱逸而活，哪怕一路風塵，也要白馬嘯西風，這就是袁枚的人生姿態。縱逸如他，至情如他。既然那麼熱愛，必會投注心力。一個有趣的人，必是一個熱愛生活的人，於是，他除塵垢，建樓臺，修花園，置新屋，還種了滿園綠竹。在風起的日子裡，他喜歡和家人於勞作後端坐石凳上，看晴空萬里，看星河燦爛。

園子建好後，他寫了一副對聯：「放鶴去尋三島客，任人來看四時花。」寫到盡興處，忽然心頭生出一念：這麼美的園子，一個人欣賞豈不是太孤單了嗎？

後來，這個「放縱」的男子，居然把好不容易建起來的牆拆掉，敞開庭院迎接八方賓客，從此，隨園就變成了南京城裡最傳奇的景點。

袁枚一生遊歷大江南北，即使年近花甲，他依然縱逸天涯，有人勸他收斂一點，他作詩答：「看書多擷一部，遊山多走幾步。」

他只希望在關河歲月中，越來越接近有趣的人生和快意的自己。在文學領域，他也從不隨波逐流、惺惺作態，他只忠於自己最真實的感受。就這樣，袁枚用最豪邁的膽色，和最飄然的真性情，點亮了屬於他的盛景繁華。

他是網路上最火的露營車旅行直播達人，也有著類似的快意人生。

像這個時代所有的大學畢業生一樣，在初涉社會的那段時間裡，他最大的心願就是成為一名商務精英。學習飯店管理的他，畢業後的確如自己所願，進入一家星級飯店做了大廳經理，每天西裝革履地穿梭在豪華的辦公區，一副走路帶風的帥氣派頭。

工作就像人生，走著走著，當內心的思想越來越厚重、心境也越來越沉澱的時候，便會越來越了解活著的意義，繼而也越來越了解自己想要的到底是什麼。

在這份自以為風光無限的工作持續了一段時間後，他發現，每天如一個圓圈一樣，不停旋轉的生活方式，已然失去了它最初的魅力。隨著時間推移，他感覺自己的心靈越來越麻木，繼而蒼白，直到最後，那樣的生活儼然成了自由的桎梏，完全喪失了靈魂深處的樂趣。

離開需要勇氣，而他選擇了「放縱」自我的冒險。直到有一天，他過起了人人羨慕卻不是人人敢為之的生活：開露營車環遊世界、寫遊記、直播。雖然這樣的生活依然是行色匆匆，一路風塵，但是，在這段看似顛沛的旅程裡，更多的是飛揚的豪情萬丈，這就足夠了，不是嗎？

就這樣，他行駛在晴空萬里、自由馳騁的路上，他已然不再是蒼白生活的奴隸。他可以一路柴米油鹽，也可以一路家長里短，用移動的鏗鏘之聲，去丈量世界的模樣。

別看那一輛露營車只有很小的面積，卻可以是整個世界，日常生活和工作全部濃縮其中。他平時的遊記都是坐在床上抱著電腦完成的，只要出版社催得不急，他便可以不慌不忙地寫完。晚飯後，他會開一段時間直播，現代繁忙的生活，讓很多羨慕他的生活卻無法選擇這樣生活的人，喜歡上了藉由他的直播了解以車為家的樂趣，於是他的粉絲越來越多。

在這個小小的空間，餓了可以煮飯吃，累了倦了可以隨心所欲地躺下，看到醉人的景色，便可停車駐足欣賞。在那些並不出名的小景點，於時光的靜謐處，會發現很多平時都無法領略的奇特風景。

他說，這是多麼有趣的生活啊。可以在一個悠閒的下午，把車開到某條溪水邊，躺在車裡，金燦燦的陽光透過樹影灑在身上，與身邊波光粼粼的湖水相映生輝，這一刻，他的身心伴著幸福的光暈，洋溢在溫暖的春風裡。

抑或是黃昏，露營車無意間開到了某個山坡，夕陽餘暉在天邊開出絢爛的深紫色，他站在一大片紫色雲朵下，彷彿驟然間闖入了一處奇幻的天外之境，渾身充滿已然不知今夕是何年的飄然。片刻後，滿天繁星紛然亮起，他隻身站在天幕下，在這美輪美奐的景色裡，彷彿自己就是如畫風景中的畫中人……

現在，他依然在路上，他出版的露營車旅行遊記，是經久不衰的暢銷書，他直播間的粉絲量也與日俱增……他說，正因有了擦亮蒼白生活裡的那一抹「放縱」色彩，才有了今天氣貫長虹、快慰平生的自己。

有時，我們不一定要走得很遠，以數尺之軀去丈量遠方。只要心有意趣，從此間到別處，從小路到大漠，生活的細節裡，便有了快樂升騰的意象。

如果，生活中的蒼白奪走了我們的快樂，那麼「放縱」便是最大刀闊斧的救贖……

一定要走過世事紛擾，帶著「天性」走到燈火通明

我們都會老去，從清晨到日暮，不過是剎那光年。最重要的是，穿越紛擾世事，我們仍能在疲憊的生活之餘，保留幾分清澈與意趣。不失天性的少年心，才是生命最難得的模樣。

什麼是幸福？

面對這個永恆的話題，每個人都有不同的答案，千百年來，每個人也都走在尋找這個答案的路上。於是，紅塵輾轉，人生漂泊。

過盡千帆，走過世事千里，驀然回首間才發現，原來，幸福就是舒展「天性」。

若是為了所謂的世事浮華、紅塵欲望、人世追逐，而忘記了人天性中的樂趣，那麼

世間的幸福，便真的無處安放了。

什麼是天性？

很簡單，猴子喜歡爬樹、豹子喜歡奔跑、老鷹喜歡飛翔、企鵝喜歡游泳……當牠們被囚禁在動物園的籠子裡，來回踱著步，焦慮地嘶吼時，我們知道，那是牠們的天性被壓抑時，內心深處的掙扎和吶喊。給牠們掌聲，不如給予自由的天地；給牠們欣賞，不如給予奔跑的空間。這就是天性的本質。

天性，不傾城不傾國。卻能以自己最喜歡的姿態，驚豔時光，顛倒歲月。

什麼是人生？

人生就是一場流浪，從此處到彼處，最好的結局是，出走多年，歸來仍是不忘天性的少年。

所以，舒展天性的人生，才是通透的人生。

看過三毛的《萬水千山走遍》後才知道，一個性情中人感悟世事的樂趣就在於：天性所歸，率性而活。

三毛的一生，只活在自己的天性本色中，她不需要被世俗認可，無論時光如何變遷，時空如何轉換，都無法消融她內心最真實純澈的天性。她可以拋下世事紅塵，漂泊半生環遊世界；她可以在撒哈拉的漫天黃沙裡，把乾旱荒蕪過成晴天碧海；她可以在盡情燃燒的短暫一生中，活成不負人間的絢爛綻放。

在生命的過程中，每個人都有自己的方式，她找到的是最接近心靈底色的純粹，和生命的自然綻放。

也許，三毛活著的姿態，並不完全屬於這個世界，也不是這個現實的世界能常有的清歡。只是我們需要明白，人生，既要尋找品質，也不能少了意趣；既要創造價值，也不能少了天性。

浮生若夢，為歡幾何？誰的一生不是顛沛流離？

三毛也一樣。小學時，因為數學成績不好，經常被數學老師羞辱，敏感的內心一度陷入憂鬱症的絕望中，童年樂趣似乎就此戛然而止。經歷那些侵蝕尊嚴的傷害後，她似乎再也走不出來了，似乎這一生都要在黑暗中泅渡，掙扎著遙望永遠到達不了的彼岸。

然而天性喜歡自由的三毛，最終還是走出來了，沒有了恣肆生活的樂趣，她就不是我們看到的三毛了。只不過，在那段恢復期，心靈的掙扎是成長的必經之路，不快樂就不快樂，生而為人，誰又沒有煩惱呢？聰明如她，悲傷就悲傷吧，該來的總會來，該走的總會走，情緒也是一樣，順著天性來，就是最好的救贖方式。

果不其然，一段時間後，她走出了陰霾，就像她說的，世界是什麼樣不重要，重要的是，天性裡的自己想要活成什麼樣。

再後來，父親送她去學畫畫，機緣巧合之下，她遇到了點亮她一生的事業——文學。從此，走進書中的三毛，就再也沒有出來過，她在書中一點點讀著這個世界，還有這個世界裡的自己。每一處文字的角落裡，似乎都有無數個星星，在夜空裡照亮了她的蕭索，也照出了更多她天性深處的路線。

在那一段又一段日漸清晰的路線裡，是一段又一段自癒的時光，走著走著，痛著痛著，她終於明白自己想要的是什麼了。

這也是現在的我們都在走的路，不是嗎？

去馬德里之前，那段開到荼蘼的初戀，也曾讓她痛徹心扉。慢慢走出來後，三毛明白了一個道理：愛情如花，有時會盛開怒放，有時也會枯萎凋零，何況人生除了愛情，還有很多美好的東西值得全力以赴。於是她決定順從自己的天性，在仗劍天涯的妙趣裡，見天地，見眾生。

那年，她來到了馬德里。在馬德里留學期間，善良的三毛一直是宿舍裡的濫好人。直到有一天，面對室友的得寸進尺，她終於爆發出了天性中最真實的正義感，那一刻，她拿起掃把，和她們大打一架。

天性這個東西很奇怪，當你敢於展現它時，它便會為你贏得靈魂的自由和尊嚴。於是，這一次打架事件後，也許是她們看到了三毛烈性裡的正義，也許是看到了三毛捍衛自己尊嚴的凜然，室友們竟然開始對她畢恭畢敬。

那一次天性的釋放，讓三毛懂得了一個道理：生活很苦，唯有將真實的天性放置在路上，走得不卑不亢，才會欣賞到最舒心快意的風景。就算是流浪的模樣，也要以鏗鏘之聲，豪氣上路。

後來，三毛遇到了她一生的摯愛——荷西。擺脫傳統的婚姻觀，嫁給小她六歲的荷西，是她這一生最忠於內心的選擇，也是最幸福的選擇。沒有浪漫的婚禮，也沒有拖地的唯美婚紗，在漫天黃沙的撒哈拉，他們在最簡單的婚禮中情定終身。而結婚的定情信物，是深愛的男人在沙漠中尋獲的一副完整駱駝頭骨，可是三毛很開心，只要能跟荷西在一起，其他的都是身外之物。這就是她天性裡的純粹。

新房，也是簡陋無比，可是三毛卻把每一天的生活過得有聲有色。一個輪胎，可以變成一個沙發；一塊陳舊的羊皮，可以做成一個坐墊；一個大水瓶插上一朵野花，就是最美的裝飾。一個有趣的人，無論走到哪裡，都可以用靈魂把時光暈染成最絢麗的色彩。順應自然天性和生命的燃燒、順應靈魂的走向，千山萬水走遍後，經歷過豐盛的人生，在那顆赤誠之心中，接近最真實有趣的自己，我想這便是三毛想要的幸福吧。

誠然，我們都會老去，從清晨到日暮，不過是剎那光年。最重要的是，穿越紛擾世事，我們仍能在疲憊的生活之餘，保留幾分清澈與意趣。

曾經，我們期待成熟的世界，多年後，我們終於發現，不失天性的少年心，才是生命最難得的模樣。

出現在各大自媒體平臺時，她已經是蛻變重生後光芒萬丈的樣子，影片裡的她春風滿面地帶著粉絲們開啟了一場又一場縱馬天涯的旅行。

只是在這之前，她的人生是破碎的。那一年，她經歷了人生最灰暗的時光：親人接連去世、男朋友移情別戀、升職的機會被同事替代、多年的好友分道揚鑣……

像所有歷經世事蒼涼的人一樣，她也曾把自己關在房間裡，用酒精和香菸麻痺自己，第二天還要以如此的頹廢姿態繼續應對工作。

於是，她失意狼狽的樣子成了全公司的笑談。每次置身辦公室，面對同事鄙夷的目光，她都想逃離，但是為了生存，她還是選擇了隱忍……

當壓抑的情緒達到了無法支撐的臨界點時，她感覺自己的精神要崩塌了，生活的樂趣蕩然無存，靈魂深處的天性被世事掩埋。她很清楚，如果不嘗試走出這種狀態，自己的生活將失去自由與快樂。

後來，她開始在網路上傾訴自己的心聲，她的故事引起了很多網友的共鳴，關注度也越來越高。某天，她突發奇想，決定用拍攝影片的方式帶大家一起開啟一場療癒之旅。於是，她將一直以來自由不羈的天性還給了自己。

第一站，她去了西藏，輾轉了三十個小時，沿途經過唐古拉山脈，一路風塵，卻也一路歡歌。陌生的地方，陌生的人們，每一片土地，每一張臉，都是一個故事，每到一處，都是不一樣的驚喜。她大口吃飯，大聲說話，舒展著肢體深處最本真的天性，雖然最初有點適應不了高原氣候，經常臉紅脖子粗，但是內心的樂趣，卻能以凌雲之筆，畫出氣貫山河。

那一次，她遊覽了很多地方，用腳步丈量著長久以來被悲涼壓抑的天性。她走過的足跡踏遍了西藏的各個地方，最後一站停在了帕拉莊園。那是西藏現存最大的貴族莊園，莊園裡綠樹掩映，一片世外桃源般的景象。從日光室裡巨大的落地玻璃窗前望出去，似乎能看到扎西旺久[4]的那段愛情故事。她在別人的故事裡，彷彿看到了自己的那段過往，那一瞬間，她頓悟了，愛情來來去去不過是生活的常態，何必在沒意義的愛裡耗盡自己……

在卡瓦勞大橋，她開始了期待已久的高空彈跳。網友們透過影片看到，她雙腿被繩索綁住，可是再粗的繩索都束縛不了她的自由和勇氣，只見她張開雙臂跳了下去，如釋重負的喊聲在山谷迴蕩。

那一刻，世界在她的眼前搖搖晃晃，上下顛簸，像極了人生，而陽光照耀下的斑駁湖面泛著點點星光，閃耀在碧波淡水間，像是惆悵世事裡的意趣天性，一點點劃亮了她生活的暗角。

4 扎西旺久：生於帕拉家族的西藏貴族，曾與帕拉莊園的女管家短暫相戀，並育有三名子女。

在尼泊爾流浪，走過一處處神祕而又美麗的地方。在那裡，完整地保留著幾個世紀前那些被歲月磨蝕的古城，還有洋溢著瑰麗淳樸氣息的鄉村、高聳入雲的雪山、宗教氣息濃厚的生活……這些大自然中最質樸的事物，像一隻溫柔的手，一點點拂去了她內心蓄積已久的悲傷。她還深入最神祕驚險的地方，在那裡徒步、攀岩、騎象……體驗著生命深處最本真的快樂。

就這樣，一路跟著她的影片走過來的網友們發現，每經過一段旅程，她的精神和靈魂都會在舒展天性的樂趣裡，獲得前所未有的昇華，內心的憂鬱彷彿一片投擲在碧波裡的枯葉，一點點從她的生命裡流走，獨留一池春水在心頭。

●●●●●

找回天性，是為了重生。更是為了見自己，見天地，見生活。

在世間行走太久，天性總會被一層層浮世塵埃覆蓋，最後蒙塵而匿，而當天性消失殆盡的那一刻，便是快樂逝水無痕的那一天。

當然，生活中的我們有責任，有角色，不可能日日縱情山水。只是，在倦了累了的間隙裡，把上天賦予我們的天性，在順應生命的道法自然中，演繹成一小段率性而為的小樂趣，就足矣。

那就讓我們在走過世事千里時，帶著自由的「天性」，走到燈火通明吧……

第一次看到宇宙，是在一剎那燃燒時的火花裡

有時，一剎那的燃燒，可以點燃一輩子的平淡無奇，只是一瞬間，平淡生命處那一點瘋狂燃燒後的溫度，便讓我們再一次目光如炬、劍氣如虹。

大部分時候，我們的生活都是平淡無奇的，風至便聽風，花開便看花，無論在哪裡，我們都在生活既定的軌道裡，於歲月無聲處過著一成不變的日子。

這是生活的常態，無人免俗。

蘇東坡說：「人生如逆旅，我亦是行人。」雲水迢迢，關河日月，我們都是過客，在每一處人世間輾轉流離，尋找著心裡描摹了無數遍的夢想模樣。

只是，走著走著，生命的紋路裡便堆積了厚厚的塵垢，每一寸被堵塞的毛孔，都在

經歷著窒息的窘迫。於是，橫七豎八的嘆息，隨著這個時代越來越厚重的壓力，飄蕩在每一寸觸手可及的生命角落。

但是，生活還是要繼續，剛毅的靈魂還要繼續逆流成河，哪怕就剩方寸之間的寥落燈火，也還是要以最努力的微光，照亮前路。

微光總有幻滅時，太疲憊的靈魂，總會力不從心。而那一次燃燒、那一次生命的瘋狂律動，便是直線生活狀態裡波動升起的高潮點、是微光忽明忽滅時復燃的引爆力、是疲憊靈魂無力萎靡時被注入的生命原液。

於是，只是一瞬間，平淡生命處那一點瘋狂燃燒後的溫度，便讓我們再一次目光如炬、劍氣如虹。我們的確需要偶爾讓自己瘋狂燃燒一次。

燃燒，是這個喧鬧得近乎猙獰的時代裡，最激昂的沉澱，是動若脫兔的意趣回歸。

人這一生，誰還沒有那麼幾個讓自己一見傾心的人或物，就像平淡的清風明月裡，忽然開出一朵奪目的花，似乎一瞬間便炫亮了枯竭乾澀的生活。於是，意趣在心頭氾濫的那一刻，便有了赴湯蹈火的衝動。

就像她說的，其實很多時候，燃燒是一種匹馬天涯的風骨，種下了勇氣，就有了魄力。她是我的朋友，知名大學高材生，年輕貌美，天資聰慧，畢業後在外商公司一步步成為高階主管，年薪豐厚。生活走到這一步，身為別人眼裡的人生贏家，似乎真的已經完美無瑕、無懈可擊了。

每次看到辦公室裡健步如飛、神采飛揚的她，我都會驚嘆歲月對她的青睞有加，能把家庭和生活經營得如此遊刃有餘的女人，一定是幸福的。

如果不是後來和她的那次談話，我一直以為她的生活真如表面上看到的那樣，快意無比。那一次，坐在咖啡館窗前，她靜靜地看著窗外的燈火闌珊，隨著滑過臉頰的眼淚，她喊出了有生以來的第一句抱怨：「我真的很累。」

她說，每天循規蹈矩的工作、平淡無奇的生活，像一張沒有色彩的白紙，她不知道該把自己畫在哪個位置，似乎已經找不到自己的存在感了。其實別人眼裡這些表面光鮮的工作，並不是她想要的快樂。

她說，工作是生活的常態，但是如果工作成了生活的倦態，並且時而會因為麻木而影響正常發揮，那麼工作的激情就會黯然失色，生活的樂趣也會日漸凋零。

她說，她需要一次瘋狂的燃燒，來點燃內心的燦爛情懷。

那一次的蘇州之行，似乎是命中注定。原本就是學習設計的她，在看到蘇繡的第一眼便開始淪陷。

那真的是一道美麗的風景線，繡娘們用一根根五顏六色的線，或以套針，或以施針，或以滾針，將各種花卉、動物、人物繡在綢緞上。

於是，一人、一月、一舟、一山、一水、一景……這些生活中尋常巷陌的尋常物事，以靈動的意象躍然於觀者眼前。她看著這些精美的繡品，內心對美好事物的嚮往也在不斷升騰。

走在鄉間小路上，炎炎夏日，在路旁、在河邊，她總會看到一群群嬉鬧追逐的孩童，他們光著屁股，不穿衣裳，胸前戴著一個花肚兜。那耀眼的紅色肚兜上，各種各樣的花鳥蟲魚在精巧刺繡針法的描繪下，於陽光中，紅如火，豔似錦。

茶餘飯後，人們紛紛圍坐在一起，她總能看到那些婦女的頭巾上，繡著花好月圓，那是內心對美好生活最真實的憧憬。

那些三五成群的老人，拿在手裡的煙桿上，都吊著一個繡花煙袋，老人瞇著眼，吐出一縷青煙，這情景與煙袋上「山清水秀」的圖案輝映成趣，彷彿瞬間便點亮了生活的閒情雅韻。

看著看著，她便對蘇繡深愛到骨子裡，於是內心萌生了一種前所未有的衝動：她決定留下來，學習刺繡。管他未來是否可期，先抓住此刻的激情，也許就是最好的歸處。

學習刺繡，並不是一件簡單的事情。七、八月的天氣都待在紡間，她熱得大汗淋漓，初學時手不知道被刺破過多少次，她擦乾殷殷血跡，繼續穿針引線。即使辛苦勞累，但是在那種為自己喜歡之事燃燒的滿足裡，她體會到了無限的意趣生輝。此中興致，也許只有置身其中的人，才能體會。

掌握刺繡技術之後，她決定將自己所學的現代設計理念，融入傳統刺繡中，做出不一樣的產品。

每一次燃燒之後，都會生出一種非同從前的風生水起姿態。精緻的傳統刺繡，加之蘊含現代設計感的元素，她的刺繡作品成了炙手可熱的搶手貨。

在優秀設計師作品發布會上，她說：「當年自己放棄了高薪穩定的生活，選擇用瘋狂燃燒的生活激情來喚醒沉睡的靈魂，沒想到這一燒，竟成了煉丹爐中的孫悟空，出爐的那一刻，便擁有了傲然於世的火眼金睛。」

她的火眼金睛，是發現這個世界妙趣橫生之處，最神勇的通道。

這一生，幾番風雨，幾番春秋，走得總是太急，新途總會成為舊路，於是很多時候，一旦錯過機會，憧憬也就成了過往的遺憾。

所以，只有盡興地活一次，讓夢想在每一天的燃燒中沸騰成現實，未來才不會在遺憾的嘶喊中，只剩一句「我好後悔」。

她的學歷並不高，但極具文學天賦的她，內心卻始終住著一段詩意的人生：邊走邊寫，把每一處遠方融進每一行詩裡，匯成吟風弄月、臥雪眠雲的寫意生活。

最初，她如同所有紅塵之人的命運一樣，畢業後進了一家公司上班，成了朝九晚五的上班族。每天如陀螺般旋轉著，往返於兩點一線的家與公司之間，她的內心是空洞且蒼白的。

那一次的出走，是鼓足勇氣後的一場豪賭，反正繼續下去是暗角無聲，不如以一種最亮烈的方式來迂迴一下，也許就是最好的自我救贖。

於是，帶著一股衝動情懷，她來到一處旅遊勝地，租了一間簡單的房子，旅行、讀書、寫作，換了一種生活方式。

她本身就很喜歡閱讀，帶著讀過的文字，看世間每一處風景，那是怎樣的美妙時刻。每一天的日子都是從容淡泊的，也是自在熱烈的。有風掠過，有水相伴，沒有壯志躊躇，沒有利慾薰心，只是單純地將自己安放在山間水湄，等著花開綻放的那一刻。

獨行千里之後，再將世間百態躍然筆上紙間，似乎連滿腹心事都有了躋身之處……她說，那段時光，愜意又自在，文字彷彿長了翅膀，與大自然中的一切結伴飛翔。而那些滿腹的激昂情懷，似乎也會帶著燃燒的溫度，等到春暖花開。

兩年後，她成了旅行作家，她的書一直高居暢銷榜。那些用心走過的路，那些用靈魂寫出的字，便是最暢快淋漓的真性情。

所有風生水起的生活，都源於一次次孤注一擲的瘋狂燃燒後，餘溫升騰而起的熱烈情懷。他們走路帶著風，把平淡的日子過成一聲狂笑，那是曾經點燃內心的激情之後又滿血復活的生命能量。

沒有人看得清楚，未來的哪個節點是自己的歸宿，只是我們在沉寂中選擇了孤注一擲的燃燒，才得到歲月在瘋狂之後的饋贈。

一剎那的燃燒，可以點燃一輩子的平淡無奇。因為有了那一點點的星星之火，才有了燎原的重生氣魄。

於是，在一剎那燃燒時的火花裡，我們第一次看到了宇宙……

第9章

就這樣喜歡人間，喜歡不落的太陽和每天的小美好

你嘴角有一抹暖，那是天涯回歸時月亮奔你而來

我們曾經滿懷壯志，走向陌生的異地，在謀生的奔波中、在闖世界的路上，不斷收穫，也不斷飄落，最後也在生命的軌跡裡，疲憊了身心，遺失了樂趣……

紅塵來去一場，走得太久，最初純澈的眼神總會在世事暈染下，變得混沌不清。唯有在時光間隙處來一場天涯回歸，再帶著真誠而快樂的自己起航，一切才有了重新風生水起的開始。我們都是這個世間的過客，過山過水過自己。最後，也都會成為歸人，就像所有的塵埃，終將落定一樣。

走得太久，我們的面具堅硬如鋼，習慣了偽裝和隱藏，便再也無法摘取。我們笑著，彎起的嘴角卻盛滿了情非得已，似乎那些曾經裝滿初心的真情實感，都已經被現實

生活掩埋在了顛沛流離的路上，想要找回，卻是那麼的力不從心。

多想，在踏盡紅塵時，可以看到陌上花開緩緩歸；多想，在行遍天涯時，可以看到回歸時的光芒。那一抹光芒，是一道悟性的靈光，是生活繁雜處的一絲靈感。當靈感乍現，當微光瞬間被點燃時，我們就會頓悟：原來，走得太遠，終是要回頭看一下，那些遺失在生活深處的真性情，才是我們拚命努力後的最美歸處。

彼時的我們，也需要前程名利，但是可以暫且放下前程名利，揚起嘴角微笑著，只愛那一簾月、一壺酒，只愛那東籬黃花。紅塵來去一場，漫長的路途風雨兼程，只是時而遇見真誠的自己，才不算負了這春秋草木。

你看，你嘴角有一抹微笑的暖，那是天涯回歸時月亮奔你而來……

試想一下，如果我們在行走天涯中，披荊斬棘卻依然暗淡無光後，能在頓悟中帶一抹快意，伴著天涯回歸時的豪氣，遇見更好的自己。這樣的人生轉折，是一件多麼美好的事情。

就像柳永。這個自詡為「奉旨填詞柳三變」的傳奇人物。

白衣卿相柳永，他的出生恰巧趕在了南唐末年，於是他便成了南唐降臣之子。生在宦官之家，光宗耀祖的義務，也就無形中成了他生命中的枷鎖。

那個時代中國古代文人普遍的願望，就是寒窗苦讀，考取功名。尤其是到了宋朝，一直以來就是奉行重文輕武的政策，文人地位提升，給了人們追逐功名利祿的欲望。年少時的柳永，就像現在的我們一樣，也是當下時代浪潮中隨波逐流的一員，赴京應試、高中榜首、加官晉爵、榮歸故里，為了這些所謂的名利地位，熱情如火。

從古至今，我們都是這樣一如既往走過來的。

柳永從未忘記，人要為夢想而戰。這也像今天的我們，誰不是帶著曾經磅礴的初心出發入世的，只是入世後，我們漸漸在深不可測的世事中迷失了自己、遺失了快樂。於是，如何出走，找回曾經的翩躚快意，再傲然回歸，便是我們今天要學的主題。

柳永骨子裡傳統而正義，只是多才多藝的他，難免多了幾分自負和輕狂，以他的盛世才華，榜首提名是輕而易舉的事。「定然魁甲登高第」，是他曾經喊出的豪言壯志，可是命運卻在放榜之日將他的驕傲擊落。

皇榜上密密麻麻的名字裡，唯獨缺了最應該存在的自己，不曾想過的名落孫山，落在柳永身上，曾經的豪言無法兌現，世間最尷尬的事莫過於此。

痛苦過後，是自我反省的開始，而鬱鬱不得志的反省，是內心最不甘心的翻江倒海。明明才情勝過他人，卻不及他人幸運，他想要認命，又恨時運不濟，也恨英才不得天佑。

帶著「忍把浮名，換了淺斟低唱」的哀怨和傲然，他又開始了臨窗苦讀，以備第二年的應試。也許還是糾結於那分不甘心，他要證明自己一定可以脫穎而出。

第二年應試，〈鶴沖天〉一詞裡的「忍把浮名，換了淺斟低唱」傳到了皇帝耳中，皇帝對他的桀驁不馴極其不高興，大筆一揮批示道：「且去淺斟低唱，何要浮名？」

從此被罷黜的柳永陷入黑暗中，似乎永無翻身的可能。

他的痛苦與掙扎，可想而知。帶著夢想入世，以為可以不負韶華，以夢為馬，最後卻墜馬而傷，這是柳永，也是我們每個人都曾經歷過的生活，不是嗎？

那段渾渾噩噩的時光，很悲苦也很漫長，但是生活總是要繼續，人總是要走出來，重新整理自己，再重新上路。後來，柳永忽然想明白了，就算時光負了自己，自己也不能負了這大好年華，於是，他開始了一段找尋自我初心和生活意趣的出走。

離開仕途的名利場，柳永帶著豪氣和自由，填詞作文，翩然落筆，豪放不羈，走到哪裡都是海闊天空。他終於明白，這才是他想要的生活意趣。那時的柳永，名氣無人能及，粉絲雲集，他作詞的曲子盡人皆知，經久不衰。他成為「白衣卿相」，他在民間的地位讓帝王都望塵莫及。

柳永安然地笑著，嘴角那一抹暖，是他天涯回歸時的光芒。

四十七歲那年，無心插柳的他考中了進士。此時柳永內心已經不起任何波瀾，從執著追逐到寵辱不驚，從顛沛流離到風生水起，是後來那些生活意趣給了他強勢回歸的能力，也給了他閒看花開花落的心境。

再一次背上行囊上路，不是對曾經失意的追尋，也不是對過往挫敗的證明，而是為了遇見那個更懂得如何權衡浮世繁華與生命意趣的自己。

看過柳永的故事，再看看我們自己的故事。

我一個朋友前一段時間被診斷為重度憂鬱症。其實，很久以來，一直處於高壓狀態的她，就已經露出了身心崩潰的端倪。時代不斷攀升的競爭意識，對一個要強的人來說是一種可怕的考驗。於是，工作上的負重，加之又要備考，幾輪繁忙下來，她的精神徹底崩潰。

她說，我經常問自己，這麼拚命到底為了什麼？這麼多年，從起點到終點，一路尋找，一路飄零，曾經的初心，早已被現實磨蝕得面目全非，找不到來時的純澈，也失去了此時的樂趣。有時很想不如就此放棄，可是想到放棄後的落差，又是無比惶惑。

為了調整身心，她休假回鄉，父親最懂女兒的心思，於是以最輕鬆的狀態迎接她回家。次日早晨，在久違的鳥鳴聲中醒來，她第一次在清晨揚起嘴角，泛出最溫暖的笑意。拉開窗簾，第一縷晨光帶著青草香飄入房間，清風透過樹影輕撫她的臉頰，她伸了一個久違的懶腰，驚嘆生命的美好之餘，感嘆自己居然這麼多年都已經忘記了陽光和風的味道。

早飯後，母親笑著說要帶她去一個地方，為了不讓母親擔心，她努力地擠出一個微笑，點點頭。

在麥田包圍的一條小路前，母親停住腳步，看向她說：「這裡有沒有似曾相識燕歸來的感覺？這裡有妳曾經成長的足跡，妳也是從這裡起航，開始人生的追逐之路，只是離開的時間太長，不只忘了生活最初的模樣和樂趣，也忘了生命除了前程名利，還有籬畔黃花。」

聽了母親的話，恍然間，她的思緒瞬間穿越到曾經的時光，她彷彿看到少時的自己，春天踩著路邊的石子翹首等待一朵花的開放，夏天藏在斑駁的樹影下和知了對話，秋天在麥浪如潮的田野裡肆意奔跑，冬天和爸媽一起在飄著雪的清晨與雪花共舞……

她記得，那時目光所及之處，生命是鮮活而有趣的。

她記得那時自己經常趴在草叢邊，靜靜地看著螞蟻的採食活動，只見螞蟻成群結隊排成一條黑線，猶如儀仗隊一般，陣容宏偉，浩浩蕩蕩。交會的隊伍自如穿行，牠們觸角相抵，似乎氣定神閒，又似乎熱鬧繁忙。

從回憶中抽離回到現在，她突然心生頓悟：螞蟻的姿態，何嘗不是生活的悟道。亦努力行走，井然有序；亦不驕不躁，意趣無限。

她還記得，小時候最有趣的是黏捕蜻蜓。她們會做一枝最長的竹竿，將竹篾[5]弄彎，把兩端固定在竹竿的一端，像網球拍般的黏捕器便成形了。接著，便在蜻蜓可能出現的角落，踮起腳尖，趁著晨霧未乾，將富有黏合力的蜘蛛網纏繞在黏捕器網球拍上。接下來的時間裡，她們便可以在田間地頭狂奔，追逐飛舞的蜻蜓，那一刻，在生活的無限歡愉裡，時間似乎都凝滯了。

5 竹篾：狹長的細竹片，可用來編籃子等用具。

從回憶中回神，她再次心生頓悟：捕蜻蜓就像工作，努力做好每一件事，卻也不忘記在喧囂的追逐中，把玩出樂趣的味道。

想到這裡，她突然脫下鞋子，光著腳丫，一步步地走在田間的小路上。

家鄉的小路上，依依垂柳絲與縷縷炊煙交融成最婀娜的舞姿，永遠不停歇的小溪和枝頭頑皮的小鳥合奏最優美的樂曲。雞啼、鴨叫、狗吠，還有小羊熟睡時的鼾聲，組合成一首鄉村嗚響曲，彷彿整個世界都籠罩在朦朧如輕紗般的夢境裡。

就這樣，她走在家鄉的田間陌上，那些年的情景躍然眼前，曾經滿懷壯志，走向陌生的異地，在謀生的奔波中、在闖世界的路上，不斷收穫，也不斷飄落，最後也在生命的軌跡裡，疲憊了身心，遺失了樂趣……

母親坐在對面，看著她：「說說感受吧，有沒有找到一種天涯回歸的感覺？」

她釋然地點點頭，嘴角揚起一抹發自內心的暖暖的微笑。

母親笑著說：「這就對了，有時，物是人非，是多麼可怕。妳小時候印象中的這些景色，經歷了這麼多風雨，依然如初。我知道妳這些年行走天涯，疲於奔波，但要記得，走出去是為了找到更加豐盛的自己，別走著走著，就忘記了歸來的路……」

人生如逆旅，遙遠的旅程，有很多未知的山高水長。

紅塵來去一場，走得太久，最初純澈的眼神總會在世事暈染下，變得混沌不清。唯有在時光的間隙處來一場天涯回歸，再帶著真誠而快樂的自己起航，一切便有了重新風生水起的開始。

你看，你嘴角有一抹微笑的暖，那是天涯回歸時月亮奔你而來。

在漸入佳境的人生裡，與這一路的顛沛流離和解

他騎著腳踏車上班，穿過呼嘯的風，在層層疊疊的麥浪中飄然而過。偶爾，一朵浮雲掠過，輕輕嫋嫋間彷彿帶走了滿心陰霾。回眸一笑間終於頓悟：世間滄桑不過一抹浮雲，你若輕拿，它便輕去。

「世事一場大夢，人生幾度秋涼。」翩然走過世間的蘇軾，這樣感嘆道。

我們的一生，是一段遙遠的旅程。從開始上路的那一刻，便有了未知的山高水長，而所有未知裡，都藏著陰晴難測的可能性。

就像所有追夢的人，帶著殷殷期盼起航，把一切以豪賭的方式交給遠方，最後的悲喜起落便只能由天意來定奪。

但是，不懼未來的我們還是意氣風發地上路了，未來交給未來，遠方自有遠方，至少每一個現在，在追夢的路上，依然可以享受豪情萬丈的時光。

未來不重要，現在才重要。若不是沉醉此刻的信念支撐著，趕路的歲月便會索然無味。縱然前方如濃霧彌漫，可是我們總相信，只要有大筆一揮的魄力，也可以畫出宏偉藍圖。輕裘快馬，氣宇軒昂，遠方不可期，卻也在腳下。

於是，人生的無數個節點，便在腳下延伸，一點點於現實所到之處，露出每一段人生的模樣。

而每一段人生的模樣裡，總有兩種元素：一種是現實磨礪下的奔波惆悵；一種是靈魂安放處的欣喜狂歡。這兩種元素，第一種是生活的常態，是活著的必需品，誰不是在歲月的追逐中千迴百轉；第二種則是生命的趣味，是活著的調劑品，誰又不是一邊辛苦勞作，一邊自娛自樂。

只有第一種，生命終將不堪重負；只有第二種，生活終將一事無成。而將兩者鏗鏘合一，才是物質與靈魂完美交融的高級形式。

世事終是一場大夢，所到之處總有一隅狂歡。

人生有四大悲事：少年喪父母，中年喪配偶，老年喪獨子，少子無良師。人生也有四大喜事：久旱逢甘雨，他鄉遇故知，洞房花燭夜，金榜題名時。這句話出自汪洙的《神童詩．四喜》。

而這種起起落落的大喜大悲，就像是將一個人拋擲在命運的雲霄飛車上，需要多麼強大的內心應變能力，才能跟得上這驟然突變的命運速度啊。

而我們今天要說到的這個人，就是王維。

提起王維，這位集詩人與畫家身分於一身的人，是我們心目中永遠不食人間煙火的「詩佛」。誰都不曾想到，這樣一個恬淡從容的人，也曾經歷過那樣的大起大落。

年輕時的王維，是一個標準的學霸，少年天才初長成，滿身文藝氣質。當李白還沒有橫空出世的時候，王維已經憑藉著他的一首〈九月九日憶山東兄弟〉躍然文壇，揚名天下。年輕時的王維才情人品兼備，有著超凡脫俗的魅力，於是，他的出現引起了玉真公主的注意，公主對王維的蓋世奇才極為欣賞，在她的力薦下，王維成了狀元。這是王維人生的第一次巔峰期。

也許，太光鮮的人生，總會在極度華麗時燃盡最後一抹光彩。任職期間的王維正沉浸在人生得志的喜悅中，就在他滿懷抱負之心準備大展宏圖時，卻因為一次突如其來的「伶人舞黃獅子」事件而遭遇貶官。從頂峰到低谷的落差，人心會失衡，因此年輕氣盛的王維也曾悲憤不已。

但走到這個人生節點，冰雪聰明的他，深諳人世變幻莫測。於是，他挺起被時光之石壓彎的身軀，露出浩然無畏的笑容，自我調侃地說：「沒什麼大不了的，就我的傲世之翅，輕輕一扇，也能將滄浪之水一簸而乾，貶謫是另一種新生的開始，去艱苦的地方磨鍊一下，也未嘗不是一件好事。」

這次離開，雖有不甘，卻也是意氣風發的模樣。他相信，世間遼闊，總有自己的容身之地，人生之路，關山迢迢，風雨瀟瀟，都是常態，但是一定要堅信，總有日光傾城的時候，也總會迎來風生水起的時刻。

這一走就是十年，十年間，他從未因為世事滄桑，而忘記生活的樂趣。把酒黃昏，雲風竹影，暮雨春江，都是他快樂的注腳。

十年後，王維回到長安，那時的他已身無官職，一心陪伴在妻子身邊，琴瑟和鳴，舉案齊眉地過了一段溫暖的流光。可是無常世事再一次擊中了王維，他的妻子因難產去世，未出世的孩子也沒了氣息。

妻兒同喪，這樣的悲痛不是一般人可以承受的，那時王維內心的苦澀可想而知。又一個跌落谷底的人生節點，他該何去何從？若是今天的我們，必是生無可戀、棄世厭生、頹廢買醉。可是王維卻和我們不一樣，悲傷如果能填平人生的傷口，那就悲傷好了，可是他知道，悲傷只會加劇悲傷，不如，營造一方生活的意趣，也許才是苦難最好的解藥。

於是，他擦乾「傷口」的殷殷血跡，開始了遊歷江南的行程，青山綠水的生活意趣，終能撫平他內心的傷痕。

在這一次歷程中，他寫下了〈鳥鳴澗〉和〈山居秋暝〉。〈鳥鳴澗〉裡，那幽靜怡人的春山月夜下，我們看到那時的王維內心清淨悠然。「月出驚山鳥，時鳴春澗中」，真正的狂歡，不是歌舞昇平，不是推杯換盞，而是顛沛流離時依然達觀的心境。

孤獨是一個人的狂歡，狂歡是一群人的孤獨，內心沒有真正意趣的狂歡，其實是最深的孤獨。而此刻的王維，因為靈魂深處的豁朗，能體會到真正對世事釋懷的歡愉。那一輪明月，在躍動中破雲而出，將皎潔的月光灑進山間，把已經入夢的山鳥都驚醒，在惺忪睡意中發出陣陣欣喜的鳴叫。

月、山、鳥、水，這些物象，都在狂歡中傳達著對世事的熱愛和希望，就像此刻的王維，在世事一場大夢裡，找到了頗有意趣的一隅狂歡。

後來的他，不斷經歷著人生起起落落的節點，而每到一處，他都能找到生活的樂趣，他也總能讓自己活得風生水起。

在茫茫大漠中出行，伴著漫天黃沙，王維邊走邊寫，邊寫邊畫，於是便有了「大漠孤煙直」的名詩和名畫。結果無心插柳柳成蔭，〈使至塞上〉成了世間經典之作。

翩躚如他，灑脫如他，豁達如他，硬是把無味的人生，演繹成了一場清歡。

就像我的一個朋友，在一場大病突如其來降臨時，選擇了最狂歡的泅渡方式。

拋下醫生建議住院的囑咐，身為教師的他帶著新婚妻子走進山清水秀的鄉村，選擇了支教（支援偏遠地區的中小學教育工作）生活，一是為了完成自己多年來的夙願，二是為了遠離城市喧囂以便養病。

似乎忘記了自己是個身患重病的人，他開始了一段有趣而狂熱的生活。

他說，與其在悲痛中讓身體每況愈下，不如用樂觀天然的生活方式，阻斷疾病的生長源，而且與疾病抗衡，除了好心態，還要有好體魄。於是，每日晨起，他必會在依山傍水的鄉間小路上打太極拳。有時，他看著那些身體虛弱的老人，或腿腳不便的身心障礙人士，他們即使孱弱也不忘記用最盛放的姿態面對生命，而自己又有什麼理由，不以最狂歡的方式，過好眼前的每一天呢？

晨間運動後，他會騎著腳踏車上班，穿過呼嘯的風，在層層疊疊的麥浪中飄然而過。偶爾，一朵浮雲掠過，輕輕嫋嫋間，彷彿帶走了滿心陰霾。回眸一笑間的剎那，他終於頓悟：世間滄桑不過一抹浮雲，你若輕拿，它便輕去。

課堂上，講李白的〈將進酒〉，讀到「人生得意須盡歡，莫使金樽空對月」時，見詩彷彿見自己的人生，人生無論得失悲喜，都需要狂歡的意趣不是嗎？想到這裡，他便聲情並茂、慷慨激昂地為學生朗讀一遍。得意之餘，他遂問：「為師讀得怎麼樣？」最前排一學生站起來，一邊摸臉一邊調侃地說：「老師，您讀得口水橫飛，那絕對是激情飛揚啊……」話未落定，全班哄然大笑，他摸了摸嘴巴，也露出了憨厚的笑容……

午後休息，一抹暖陽穿窗而過，他燒水泡了一壺龍井，適逢海棠花開，花香伴著茶香，在空中縈繞出芬芳的氣息。他輕抿一口，茶香帶著微苦在唇齒間迴蕩，就像人生的甘與苦，最終會化為一縷清味，帶著生活的氣息，融入四肢百骸。他立刻頓悟：人生如茶，不如給世事百態一方自由的空間，任它自由漂浮，才會活得輕鬆有趣。

每日晚飯，他必會和妻子小酌一杯，常以花生米佐之。生活若有情趣，粗茶淡飯也是美好，此刻他似乎已經忘記了前塵往事，也忘記了疾病纏身，把酒黃昏，伊人在側，就是最美的時光。某天，見桌上多了一盤魚乾，他不禁竊笑。妻子見狀調侃說：「瞧你那德行，一盤魚乾你都能樂成這樣，若是山珍佳餚，還不得把你樂死。」他笑而不語，仰頭將杯中酒一飲而盡，內心升騰而起的歡喜，是最狂熱的豪邁……

生活，便是以這樣的方式，在一隅又一隅狂歡的角落中，累積成自在遼闊的模樣。

兩年後，再次複查時，他的疾病已經悄然消失……

就像演員張頌文在一段演講中說到的一樣：他很感謝那艱難又沉寂的二十年，成就了現在厚積薄發的自己。每個人都會經過人生的低谷，只有像一棵樹一樣努力向下扎根，枝椏才能向上生長。在自己一生的劇本裡，我們都是主角，所以一定要在漸入佳境的人生裡，與這顛沛流離的世界和解，這樣才能散發出屬於自己的光芒。

世事一場大夢，也涼；所到之處總有一隅狂歡，也熱。或涼或熱，還在於自己把握生活態度的修為裡。我們活在難中，也活在易裡；活在涼中，也活在熱裡；活在跌宕中，也活在安然中；活在煩惱中，也活在樂趣中；活在沉寂中，也活在狂歡中。人生是複雜的，一面是光，一面是陰影，就光而行，還是身處暗夜，都在於自己的選擇。

不如，讓我們帶著幾分狂熱，在漸入佳境的人生裡，與這一路的顛沛流離和解吧。

等到過盡千帆王者歸來時，山河歲月都做賀禮

人生過盡千帆處，翻覆的船隻旁，還是有千萬帆船經過；枯萎樹木前面，也有萬千林木欣欣向榮。人生跌跌撞撞，我們還是揚起了雲淡風輕的面龐，迎著海風，看生命的春天，在無數個意猶未盡的意趣中，綻放出最美麗的姿態。

一直以來，我都喜歡用「過盡千帆」這四個字，來看這漫漫一生的人間過往。人生裡走來的我們，是一片海。看過日出日沒，潮漲潮落，每一縷升起的陽光和落下的餘暉、每一朵湧起的浪潮和退去的泡沫，是這一生必經的萬千世事。我們在升升落落、高高低低間，看著一艘又一艘載著命運的帆船，從遠處漂來，那是生命裡注定的遇見，無論何人何事，無論好與壞，都是偶然中的必然，都是我們躲不過的宿命。

於是，我們的生命裡喧囂而熱鬧，人聲鼎沸，世事疊加。

我們漂在海上，不斷經歷，不斷收穫，又不斷失去。我們本身也是海，被緣分注定的人經過，被時光經過，被世事經過。經年之後，被一艘艘漂來留下，或漂來又漂走的船，渡成了「過盡千帆」的人生痕跡。

這，就是我們每一個人的人生主題。

「過盡千帆」出自晚唐詩人溫庭筠〈夢江南〉中的名句「過盡千帆皆不是，斜暉脈脈水悠悠」。人生之海，晨曦與斜暉，伴著那悠悠的江水悠悠地流。身在其中，我們被世事的溫暖浸潤了心扉，也被世事的喧囂困擾著心境。

至此，還是回歸到主題，回歸到過盡千帆之後的落腳與安放處，於是，我們便走到了這般情境：

沉舟側畔千帆過，病樹前頭萬木春。

你看，人生的過盡千帆處，翻覆的船隻旁，還是有千千萬萬的帆船經過；枯萎樹木的前面，也有萬千林木欣欣向榮。

人生跌跌撞撞，我們還是揚起了雲淡風輕的面龐，迎著海風，看生命的春天，在無數個意猶未盡的意趣中，綻放出最美麗的姿態，不是嗎？

在過盡千帆沉舟處，在風生水起的剎那，看饒有意趣的人生，是歲月最美的歸處。

「沉舟側畔千帆過，病樹前頭萬木春」，這句詩出自唐代詩人劉禹錫之手，寥寥十四字，道盡了世事顛沛流離時，內心風生水起的力量和期許。那是一種生命的力量，讓我們在不經意間拾起的生活樂趣中，一點點把枯萎時光凝成綻放的春景。

透過劉禹錫的生活歷程，我們可以看出，他的人生也經歷過無數次「沉舟」，而對於世事輪迴、榮辱變遷，他早已學會機智地在沉舟側畔處，帶著幾許意趣之心，看病樹前頭萬木春。對一個有趣的人來說，做人嘛，最重要的是開心。

他第一次被貶的原因有點奇葩：在官場上跟錯人。

那時唐順宗剛剛即位，劉禹錫頗得聖心，於是那段時光便成了人生中最悠然無憂的記憶。只可惜，美好的時光總是走得最快，自古蓋世英才被貶的霉運，也沒有放過他。

皇室風雲莫測，後來太子李純軟禁了順宗，奪了皇位。於是，曾經順宗身邊的紅人，自然便成了新皇帝的眼中釘，劉禹錫開始了第一次被貶之路，新皇帝還在聖旨裡強調：縱逢恩赦，不在量移之列。也就是說，以後所有的好事，都沒了劉禹錫的分兒。

第一次被貶的劉禹錫，在這突如其來的世事變遷面前，也曾驚魂未定又措手不及。人生中任何的第一次，都是最難過的關口，那一段時間，他內心的悲痛可想而知。但作為一個情商頗高的有趣之人，他是不會讓自己在痛苦中沉淪的，於是，經過一段時間的蟄伏後，他便恢復了元氣，綻放出曾經灑脫曠達的天性，平日裡除了遊山玩水，便是與難兄難弟元稹、韓愈等互寄詩信交流往來。

在那個時期的詩裡，我們看到他的身影，在自由不羈的天地間，如凌雲的鶴般綻放出人生該有的快樂。

他似乎在用自己意趣無限的生活告訴這個世界：被貶，沒什麼可怕。我的高潔，我的自信，我自己知道，就算顛沛流離，我也要風生水起。

四十四歲時，劉禹錫終於等到了回京的詔書，可是好日子還沒開始，就迎來第二次被貶。被貶謫到和州後，劉禹錫被縣太爺屢屢刁難，還被安排到簡陋的民房居住，沒想到劉禹錫倒是一點也不煩惱，呵呵一笑，毫不在意。

知縣看他身在逆境，還一天到晚種花養鳥，對酒當歌，一副悠然自樂的樣子，心裡那個氣呀，於是，將老劉的三間屋變為一間半。然而劉禹錫住進去後，卻在依山傍水的村落裡，天天和村民垂釣下棋，心情大好。

看到這裡，氣不打一處來的知縣，將他的住所換成了一間破舊小房，只有一床一桌，門口還放了一塊大石頭。沒想到，心境曠達的劉禹錫看到這塊石頭，喜歡得不得了，洗乾淨後當成寶貝一樣天天把玩。

而這句，「沉舟側畔千帆過，病樹前頭萬木春」，就是他被貶流放期間，與白居易一起作詩時寫下的名句。翻覆的船隻旁，枯萎的樹木前，他依然能用超乎常人的格局，點燃風生水起的人生。

雖無數次被貶，但對生活的樂趣，把他錘鍊成一隻打不死的小強。一路走來的劉禹錫，一路閱盡風塵，也一路綻放快意。對他來說，千帆過盡皆是緣，心有樂趣處處春。

如果要用一句話總結她的一生，我想到的是：世事深不見底，人生終如浮萍。

她是微博裡頗有名氣的博主，坐擁上百萬的粉絲，沒有看過她作品的人，都以為光鮮亮麗的她一定過著波瀾壯闊的人生，其實大家有所不知的是，曾經那一段破碎的人生，幾乎擊垮了她全部的生命力和意志力。

那一年，查出自己身患重病時，她剛和交往了三年的男朋友分手，做了兩年的工作也丟了。失業失戀外加病魔纏身，一瞬間她的世界便陷入了無盡的黑暗深淵。

奮不顧身的愛情散了，拚盡全力的工作沒了，青春健康的身體病了，世間所有美好的東西彷彿突然長了刺一樣，根根分明地扎進自己的身體，那麼痛不欲生，又那麼無能為力。這對於要強的她來說，無疑是一種致命的打擊。

那段時光多麼艱難，可想而知。生活就是這樣，別人只看結果，過程只有自己獨自熬過。一段時間的頹廢後，她開始和自己和解，一個真正有趣的靈魂，在看清生活的真相後，就會與生活握手言和。於是，她決定走出心靈陰霾，回到陽光下，過出燦爛而有趣的生活。

那時的她，除化療必須住院外，其他時間總是妝容精緻，穿著得體，優雅地出現在人們的視線中。不只培訓師的工作做得風生水起，各種講座活動更舉辦得如火如荼，事業一路扶搖直上，一點都不會帶給人「病態」的感覺。在那些自以為比她優越的人面前，她總是不卑不亢，做著自己該做的事，活出自己喜歡的樣子。坦然地綻放著生命意趣，是她活著的姿態。

她身上總是散發一種蓬勃向上的生命力，笑容也總是充滿了雲淡風輕的感染力。我看過她在課堂上講課的影片，講到動情之處的時候，她甚至會手舞足蹈地用肢體語言去詮釋所講的內容。記得有一次講到〈賣油翁〉時，其中有一句「有賣油翁釋擔而立」，為了詮釋這一形象，她把掃把當作扁擔，扭起腰在臺上表演，逗得大家哈哈大笑。她的風趣和從容，她的幽默和調皮，讓人完全看不出她是一位重症患者，她獨特的授課方式，和樂觀的處世態度，讓人們無比折服。

無論世事如何變幻莫測，卻始終無法將她心中的生活樂趣消磨殆盡。她說，她喜歡風至便聽風，花開便看花，風來就迎風飛舞，花開便盡情綻放，這樣才活得有趣、活得盡興，這樣，才不負來人間走一遭……

其實，活著是一道並不簡單的命題，每一天都會有意想不到的事情發生，有傷心無奈的，有啼笑皆非的，有無法言喻的……但是世間的我們，還是會在各種艱難中，被歲月推著走下去。走了很遠之後，驀然回頭看時才發現，歲月的海上，我們已經過盡千帆，心海翻騰，無岸可靠。

本以為已經注定蒼白，還好，在回頭靠岸的那一刻，我們還是嘗試撿起那一顆顆閃爍趣味光芒的貝殼，拿起來放在太陽下，看著光透過貝殼照亮了生活的蒼白，而我們終於露出了久違的笑臉，伴隨海風追逐快樂，尋找那遺失了很久的生活趣味。

於是，在天地間歡呼雀躍時，我們也明白了一個道理：只要熬過去，等到過盡千帆，王者歸來時，山河歲月都會做賀禮……

在入世中抖落一身肆意狂歡，從此長居快樂裡

這個世界，有很多的縱情，它不驚世駭俗，也不盛大華美，它也許微不足道，也許非常普通，可是，它卻能在最美的樂趣裡，點燃心裡最亮的喜悅，觸碰到內心最柔軟的記憶，讓我們想要暫時放下一切，去追尋它……

讀者曾經問過我：「生而為人，我們奔波忙碌這一生，到底是為了什麼？」這是一個無解的話題，永遠無法找到一個絕對正確的答案，於是這個話題，也就成了千年不解之謎。

今天要說的，不是竭力解開這個謎團，而是這一生，我們都在經歷什麼，都成就了什麼，怎麼做才能不負光陰也不負夢想。

其實，我們只需做好兩件事，便是心有可依的一生：即入世，與縱情。

入世，是一種必然，也是一種態度。從出生的那一刻起，我們便進入時光隧道，跟著歲月的腳步開始一段旅程，這樣的入世，是沒有原因和選擇的必然。在這個必然裡，每個人都有自己的夢想和遠方，於是每個人都開始了自我尋覓的歷程，也因此經歷了跋涉的匆忙，經年之後，也漸漸累積出了得失悲歡。

而此時，經過人間的繁華與落寞，能在入世後，托著夢的翅膀，依然愛著光陰，不忘做好身邊的每一件事，不負光陰不負夢想。這就是一種在必然的入世後，活出入世時美好模樣的人生態度。

這種美好的模樣，除了內心的信念和修為，更重要的是，那一顆帶著樂趣的「縱情之心」。我們看過很多勵志書，因此也深深明白，光靠勵志的信念支撐一生的追逐，終有一天會力不從心。此刻，若是適當在修為和信念中帶著一顆縱情之心，當作生活的調味品，那一定是最恰到好處的錦上添花。

因為，無論人世何處歸途，何處天涯，無論行至何方，心若荒蕪，日日都是淒風冷

雨；心若安恬，處處都是田園牧歌。

我曾在讀者群裡做過一次採訪，主題是：人生什麼時刻最有幸福感？大家都有一致的心聲：做好入世時的每一件事，亦可在疲憊的間隙得片刻縱情的樂趣，如此，人生便無憾。於是，在讀者的眾說紛紜之中，我們每個人的心聲，也便躍然而出了。

所謂忙碌裡的縱情是：突然想回家。

其實現代社會裡的很多人，都是離家遠遊的尋夢者。讀書、工作、生活，於是家鄉成了夢裡的遠方。也許是夢想的追逐太過焦急，於是回家的心被久久擱淺，而拚盡全力向前衝的身影，也變得疲憊無趣。多想來一場說走就走的縱情，不再奔跑在世事喧囂中，而是奔跑在回家的路上，任年少時的夢，在肆意中如風飛揚……

有一種縱情叫：突然想睡覺。睡覺，是生活的常態，想睡覺這件事，似乎不應該成為一種縱情的元素。可是，在這個忙碌的世間，越是簡單的日常，越是不簡單。從什麼時候開始，我們的睡眠變得越來越奢侈，睡覺時的大腦依然充斥生活裡無數個需要面對的細節，於是便有了失眠的夜。

也有很多時候，我們已經沒有了睡眠的心情，總想著時不我待，於是便試圖偷走睡眠，來填補不夠用的時間。多想來一場只為了滿足自己休息的縱情睡眠，腦海中清澈如水，靜如處子，一邊聽著音樂，一邊安然入眠，沒有塵世喧囂，沒有案牘勞形，甚至可以睡到自然醒，用最自然的生活狀態，過最簡單的日子……

也有一種縱情叫：突然想到某個地方去。我們這一生走得焦急而忙碌，於是在歷經紅塵滾滾、歲月迢迢之後，特別渴望去到某個心心念念的地方，在悠閒的遊歷中看芳草斜陽，看古道煙雨。可是很多時候，儘管想去，卻沒有時間和機會，忙碌的節奏填滿了生活空間，習慣了眼前的麻木蒼白而枯燥無趣。於是你的腦中有了縱情的想法：在某個春日的清晨，放下手裡的一切工作，飛到某個憧憬已久的地方，站在細雨裡看落葉，站在江楓中看漁火，就很美好……

還有一種縱情叫：突然想喝醉。人生如戲，起承轉合。而我們只是戲中人，被人生書寫，也被人生主宰，於是，隨遇而安，便是最好的人生答卷。幸好，還有月光下的酒意沉醉，人生才不會那麼乏味。那一份舉杯的瀟灑，絕不是借酒澆愁，而是疲累身心處的一場醉意清歡，微醺之際，所有的心事也隨著這縱情的樂趣，被薰染成了灑脫的釋懷。酒醒後，便又是一條行走天涯的好漢……

這個世界，有很多的「縱情」，它不驚世駭俗，也不盛大華美，它也許微不足道，也許平常普通，可是，它卻能在最美的樂趣裡，點燃心裡最亮的喜悅。或許在白日裡，或許在夜晚時，忽然就觸碰到內心最柔軟的記憶，讓我們可以暫時放下一切，去尋找最本真的快樂……

她是我的朋友，她說自己這一生做過很多縱情之事，所以才能活得「風生水起」。

大學畢業那年，她留在家鄉的一個小公司擔任行政人員。然而，每天迎客送客、端茶倒水的助理工作，做到最後，既沒了激情，也沒了目標。她感覺，如果自己繼續這樣蒼白麻木地活下去，這一生就真的廢了。

於是，經過無數次掙扎後，她還是決定縱情一回，於是一個人拎著行李箱來到北京。站在北京車站裡的那一刻，她忽然發現，縱情也是需要強大勇氣來支撐的。當時的她舉目無親，人生地不熟，一無所有，一時不知何去何從。

在租屋處裡，她開啟了找工作的輪迴。儘管每天都得啃麵包，舉著招聘報紙，頂著大太陽，滿大街跑，汗水濕透衣衫時，她依然覺得那是夢想蒸騰而出的氤氳之氣。在那一次的面試中，一開始面試官很不友好地將她的作品丟在桌子上，聲稱不需要這樣的次等品，她霸氣地回了一句：「能做出次等品的人必然有著非同凡響的人生！」

也許是因為她不卑不亢的氣質，也許是面試官需要這樣幽默灑脫的員工，總之，與眾不同的她吸引了面試官，於是成了公司的設計師。

這份工作一做就是三年，她的工作能力與日俱增。但是漸漸地，她開始感覺到公司的舞臺已經小到讓她邁不開發展的步伐，再加上每天一成不變的工作內容，消磨了生活的激情。於是，她決定離開。

任何離開都需要勇氣，換一份工作也不是簡單的事。但是，她還是願意為自己的生活再縱情一次。

裸辭後，她一直沒有找到工作。於是，她開始了一段大膽的嘗試：備考北大的研究所。都說夢想是留給有準備的人，也是留給敢想的人，果不其然，半年後，她真的考上了。原來，不是所有的夢想最後都會破滅，縱情，也許不一定有所得，但是不這樣肆意決斷一回，便一定會負了這人間。

畢業後，她開始創業。創業最初都是艱難的。那段時光，真的是晦暗無比，每天起早貪黑地執行案子，曾因為經驗不足被坑過騙過，也曾因為不夠謹慎失去過大型專案……而這些曾經痛徹心扉的經歷，最後卻一點點成就了最好的她。三年後，她成了風生水起的商界精英，再說起當年的縱情瘋狂時，她說，那是自己一生中最美的時光。

再後來，她談了一場遠距離戀愛，這段遠距離戀愛可謂驚天動地，他們只見了一面便定了終身。遠距離戀愛是一場揪心的歷程，也是對真愛最大的考驗，這也是她選擇遠距離戀愛的原因，與眾不同的她，就是要看看，彼此能不能堅守，如果連暫時的分離都不能堅守，那未來又如何能堅守一輩子。兩個懂得生活樂趣的人，都有著曠達縱情的性情，這種靈魂深處的吸引，必然是堅不可摧的。兩年後，兩個在遠距離戀愛中堅持下來的人，走進了婚姻殿堂。

那一次，夫妻倆大膽地開啟了一場中東之旅，一路各種奇葩事件，說來也樂趣無限。因為是隨心自由行，所以總會遇到各種突發狀況，比如，走錯地方，無處可棲，他們卻遇到了暖心房東，臨時借住一晚，那一次後，他們和房東居然成了朋友。比如，沒搶到車票，半夜跟當地的年輕人一起在馬路上走幾小時，去機場買機票。比如，那次迷路，六神無主時，坐在路邊，跟阿拉伯酋長們一起抽雪茄，一邊談笑一邊賞景，竟然忘了迷路的困惑……

最縱情的一次，是突然冒出攻讀博士的念頭，那時的她已經有了兩個孩子。懂她的老公自然不會阻攔，於是她帶著大小兩孩，開始了顛沛流離的上課生涯。那段頂著亂蓬蓬的頭髮，帶著小孩上學的經歷，足以讓她驕傲一輩子……

她說，餘生不長，必須縱情綻放，才不負這人間。

就像我在書裡寫到的每一個人，每一段故事，都是一場透過浮世繁華，觸摸生命中趣味靈魂的歷程。對於生命和世界，他們有著獨特的理解；對於人生和情感，他們都在追求極致的感受。活，便活得努力認真；樂，便樂得肆意狂歡。似乎，只有風生水起地活著，並妙趣橫生地樂著，才不負這人間的旅程。

就像採菊東籬的陶淵明。他淡泊名利，如浮世逸草一般，用住宅邊的五棵柳樹為自己取名。他遠離世事喧囂，也不羨慕榮華利祿。他喜歡讀書，每當對書中內容有所領悟的時候，他就會高興得像個孩子一樣手舞足蹈，這是他獨有的生活意趣。

就像人生得意須盡歡的李白。他的仕途並不順利，但是因為有了有趣的時光，縱然寥落，跌宕處也總有寄情之所。左手酒杯，右手詩經，搖搖晃晃間，便走過了半個盛唐。「花間一壺酒」、「看花上酒船」、「酒傾愁不來」、「且須飲美酒」……這一盞盞酒杯，是他醉意中的快活從容。

就像綠肥紅瘦的曠世才女李清照。她一生起起落落，但是這個心似蓮花的女子，因為內心世界的豐盈，因為隨遇而安的豁達，所以總能在風雲飄搖的人生裡，帶著那一份安閒自得的雅趣，與時光對飲，活得風生水起。

就像品味世間一草一木的汪曾祺。在他的眼裡，世間萬物皆飽含著生活的趣味。而汪先生也在用他的生活態度告訴我們：其實，無論生活如何悲歡起落、顛沛流離，那些情懷和快意，卻從未離去，就看世事喧囂處，我們的心是否玲瓏剔透，是否可以照出生活的樂趣搖曳……

隨著滾滾紅塵走來的我們，在歲月迢迢的路上，唯有以縱情而有趣的姿態行走，在入世中抖落一身肆意狂歡，才能從此長居快樂裡。於每一個平凡的日子裡，驚豔時光，顛倒歲月，才是不負光陰不負夢的美好存在。

歲月，是一場繁忙中的狂歡。我們被歲月認領著，以最努力的模樣；我們也認領著歲月，以最有趣的靈魂。

在「顛沛流離」的歲月裡，看「風生水起」的世事，也終將不負這尋常巷陌裡的良辰美景……

高寶書版集團
gobooks.com.tw

高寶文學 090
就算顛沛流離，也能風生水起

作　　者　趙麗榮
副 主 編　林子鈺
責任編輯　藍匀廷
封面設計　黃馨儀
內頁排版　賴姵均
企　　劃　陳玟璇
版　　權　張莎凌

發 行 人　朱凱蕾
出　　版　英屬維京群島商高寶國際有限公司臺灣分公司
　　　　　Global Group Holdings, Ltd.
地　　址　臺北市內湖區洲子街 88 號 3 樓
網　　址　gobooks.com.tw
電　　話　(02) 27992788
電　　郵　readers@gobooks.com.tw（讀者服務部）
傳　　真　出版部 (02) 27990909　行銷部 (02) 27993088
郵政劃撥　19394552
戶　　名　英屬維京群島商高寶國際有限公司臺灣分公司
發　　行　英屬維京群島商高寶國際有限公司臺灣分公司
法律顧問　永然聯合法律事務所
初版日期　2024 年 11 月

原著書名：就算顛沛流離，也要風生水起

國家圖書館出版品預行編目 (CIP) 資料

就算顛沛流離，也能風生水起 / 趙麗榮著 . -- 初版 . -- 臺北市：英屬維京群島商高寶國際有限公司臺灣分公司, 2024.11
　面；　公分 . --（高寶文學；090）

ISBN 978-626-402-105-0(平裝)

1.CST: 成功法　2.CST: 自我實現

177.2　　113014479